L'ARTE
DI DIRIGERE

Carla Curina Cucchi – Maurizio Grassi

L'ARTE DI DIRIGERE

DVE ITALIA S.P.A. – MILANO

Nonostante la massima cura posta nella redazione di quest'opera, né l'editore né gli autori possono assumersi alcuna responsabilità per le informazioni fornite nel testo. Si consiglia, in caso di problemi specifici – spesso unici – di ogni singolo lettore, di consultarsi con persona qualificata per ottenere le informazioni più complete, più precise e più aggiornate possibili.

Progetto grafico della copertina: Studio Tallarini

Vignette in copertina e nell'interno: Antonio Tubino

Se desiderate ricevere il nostro catalogo ed essere informati sulle nostre nuove pubblicazioni scriveteci al seguente indirizzo:

DVE ITALIA S.p.A.
20124 Milano – Via Vittor Pisani, 16

INTRODUZIONE

È sotto l'occhio di tutti lo stato di crisi delle organizzazioni profit e non profit a fronte dei rapidi mutamenti economici e sociali. In particolare la competizione delle imprese si sta spostando dal terreno tecnologico-finanziario a quello delle competenze, delle conoscenze, dell'innovazione e della comunicazione. Le aziende diventano sempre più "knowledge intensive" (a intensità d'informazione e conoscenze). Le figure professionali e i modelli manageriali sono spinti a rinnovarsi nelle competenze e nei valori. In questo contesto presidiare i ruoli manageriali oggi significa mettere in gioco le proprie personali certezze/sicurezze, soprattutto sul senso del potere. Il vero potere del manager è sempre meno nel comando e sempre più nella parola, nella persuasione, nella comunicazione. È nel reticolo dei rapporti, instabili, che il sapere dirigere trova il suo alveo e la sua forza.
Esser buoni leader significa saper interpretare il presente per creare un mondo a cui gli altri desiderano appartenere.
Ecco una guida pratica che contiene consigli e suggerimenti per tramutare nozioni astratte di leadership in azioni concrete.

Questo libro è stato redatto pensando a manager, uomini d'azienda, imprenditori e professionisti, senza però dimenticare che l'argomento si presta nella pratica anche a suscitare l'interesse e la curiosità di coloro che desiderano applicare nella vita di ogni giorno tecniche, tattiche, strategie, soluzioni innovative.

Abbiamo preferito un approccio breve e sintetico a una realtà complessa perché concordiamo con Oscar Wilde quando dice: "Attenzione: la vita è quello che ti accade mentre sei impegnato a fare altri piani".

L'obiettivo degli autori è aiutarvi a costruire una realistica visione di dove volete andare, di quale è la vostra missione nella vita e in azienda poiché, come dice Seneca, "ogni vento è favorevole per chi conosce la sua meta". Accettate gli immancabili fallimenti come ostacoli stimolanti. Sappiate trasformare eventuali problemi in opportunità.

Situazioni diverse richiedono stili di pensiero diversi proprio come quando guidate la vostra macchina e cambiate marce secondo i vari percorsi. Vi consigliamo di leggere il libro in termini esplorativi: non esiste una soluzione giusta per ogni occasione. Non fate come quegli Esquimesi, di un vecchio proverbio americano, pronti a dettare norme su come devono comportarsi gli abitanti del Congo durante la grande calura.

LA LEADERSHIP E IL MANAGEMENT

Che cosa è la leadership?
Molte possono essere le definizioni e ognuna può trovare giustificazione all'interno di un sistema concettuale.
In via generale si definisce e si identifica la leadership nell'esercizio dell'autorità di una persona o di un gruppo su una persona o su un gruppo.
In pratica essere leader vuol dire esercitare un'influenza sugli altri. Questa proprietà non è specifica del capo, ma ogni persona la possiede: il leader autentico è colui che ne dispone in misura maggiore. La leadership è particolarmente importante nel gruppo, in vista sia della sua coesione sia della presa di decisioni, ma anche del processo contrario: quando vuole, infatti, genera conflitti o ritarda le decisioni.
Per comprendere appieno il concetto di leadership è opportuno differenziarlo da quello di management.
Si dice, per esempio, che il presidente o amministratore delegato "esercita la sua leadership" oppure "non ha abbastanza leadership"; queste affermazioni si riferiscono agli sforzi del presidente per orientare l'azienda in una determinata direzio-

ne. Altre volte, invece, si parla di leadership con riferimento all'espletamento di funzioni di management, per esempio la proposta di nuovi programmi (funzione di pianificazione), la ristrutturazione di certi reparti (funzione di riorganizzazione), le iniziative per dare fiducia all'azienda durante una crisi (funzione di guida) o la sostituzione di un responsabile di rete di vendita a seguito di risultati decisamente inferiori agli obiettivi (funzione di controllo).

IL PROCESSO MANAGERIALE

La leadership, come si è appena detto, è la capacità di una persona, il leader, di influenzare altre persone o gruppi, per condurli verso il raggiungimento di obiettivi utilizzando al meglio le abilità di ciascuno.

Il management, invece, consiste nel coordinamento e nell'integrazione di risorse – attuati mediante la pianificazione, l'organizzazione, la direzione/guida e il controllo – al fine di raggiungere determinati obiettivi dell'organizzazione. Dunque, il manager si preoccupa più di risorse, obiettivi, compiti, mentre il leader è soprattutto colui che influisce sui comportamenti altrui: è chiaro che nel capo efficace convivono le due dimensioni.
La leadership è un aspetto del management, ma non si può identificarla con esso.
Il compito principale del leader è quello di conciliare gli obiettivi generali dell'organizzazione con quelli particolari degli individui e dei gruppi delle unità lavorative.
Per semplificare possiamo dire che il leader è colui che fa le cose giuste, che persegue l'efficacia, quindi il raggiungimento degli obiettivi strategici; egli influenza e guida.
Il manager, invece, è colui che fa le cose bene, quindi persegue l'efficienza, organizza, coordina, controlla.
Il leader sviluppa il sapere del perché fare, il manager quello di cosa fare.

LEADER FORMALE E LEADER INFORMALE

In un gruppo di lavoro o in un reparto colui che consegue la quota maggiore di influenza può essere considerato il leader autentico.
Per chiarire ulteriormente il concetto è opportuno operare la seguente distinzione:

- il leader formale è la persona che occupa la posizione gerarchica superiore, cioè colui che l'organizzazione riconosce ufficialmente come capo; riguarda il potere riconosciuto di determinare il comportamento di altre persone. È l'autorità.

Non è detto che tale persona sia riconosciuta dal gruppo come il proprio vero leader, capace di esprimere i bisogni e le aspirazioni collettive;

- nel caso di mancato riconoscimento, vi sarà un leader informale, cioè un'altra persona che il gruppo segue. È una persona che ha potere.

Un esempio di questo è il delegato di reparto in molte aziende italiane nei primi anni Settanta: tale figura di leader informale ha spesso tolto potere al capo reparto nominato dalla direzione. Quando nella stessa unità operativa convivono un capo formale e uno informale i rapporti fra i due possono essere i più diversi, dalla contrapposizione all'alleanza.

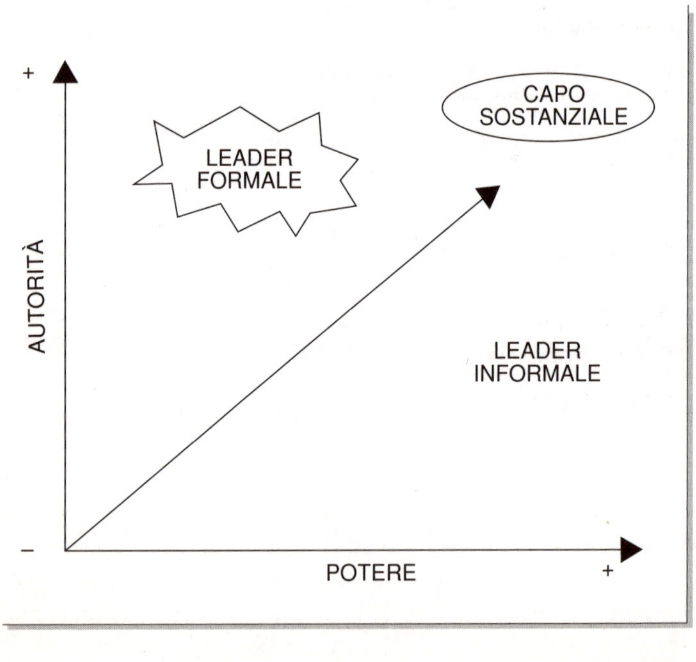

AUTORITÀ O POTERE? QUALCHE DILEMMA DEL CAPO

Molto spesso il capo è posto nel dilemma se spingere di più la propria azione di direzione imponendo il "potere" che gli deriva dalla sua posizione nella scala gerarchica o di più il "potere" che gli deriva dalle sue personali capacità (o leve) d'influenza (vedi la tabella qui sotto).

LE FONTI DEL POTERE PERSONALE

Un leader cerca di influenzare i propri collaboratori attraverso varie fonti di potere:	
Potere legittimo	Posizione formale/diritto di comandare
Potere di ricompensa	Essere in grado di esaudire i desideri di denaro, carriera ecc.
Potere coercitivo	Essere in grado di privare gli altri di qualcosa: denaro, posizioni, benefici ecc.
Potere carismatico	Fascino personale, esemplare, che non dipende dal ruolo
Potere "esperto"	Conoscenze superiori
Potere informativo	Detenzione di informazioni
Potere connettivo	Abilità a stabilire legami affettivi, di amicizia con persone chiave che può indurre nei collaboratori un sentimento di obbedienza passiva
Il potere legittimo e quello di ricompensa dipendono dalle regole interne dell'organizzazione, le altre fonti sono di tipo personale	

Si può dire che se il capo deve ottenere dai collaboratori soprattutto risultati di efficienza in organizzazioni burocratiche potrà fare più perno sulla leva dell'autorità, se invece si aspetta risultati di maggior efficacia in organizzazioni che si confrontano intensamente con il mercato potrà fare più leva sul potere d'influenza.

Un altro dilemma è se sviluppare più capacità di management o di leadership.

Il punto non sta nello scegliere fra management e leadership, bensì nel conciliare situazioni apparentemente antitetiche: equilibrare, cioè, la spinta a mantenersi nei limiti della stabilità burocratica e della gestione dell'esistente con l'ambizione a sfidare il cambiamento basato sulla fiducia negli effetti motivanti della responsabilizzazione e della comunicazione.

La scelta di un atteggiamento rispetto all'altro dipende dal tipo di progetto lavorativo che il capo deve sviluppare. Se il capo tende a essere l'unica persona che conosce il processo globale e il risultato atteso, allora la funzione manageriale dovrà essere massimamente esaltata.

Invece nei progetti caratterizzati da una certa complessità e innovatività il capo non può conoscere il processo globale o il prodotto conclusivo: in questo caso egli deve soprattuto formare, motivare e sostenere il gruppo; pensate all'implementazione di un nuovo sistema informativo presso un CED aziendale.

Tali progetti possono determinare un cambiamento significativo nel modo di lavorare dell'azienda e/o della stessa unità operativa.

Spesso in questi casi l'inadeguatezza in termini di leadership o di gestione per progetti comporta la sostituzione del cosiddetto "capo-centro". Quanto più l'azienda crede e investe nel progetto e quanto più tale progetto e/o cambiamento sono visibili tanto più vale l'affermazione suddetta.

LE QUALITÀ DEL CAPO

Un capo diventa un leader se usa e incrementa le sue abilità in relazione al ruolo organizzativo che ricopre.

Abilità tecniche	*Abilità umane*	*Abilità concettuali*
Capacità di usare conoscenze, metodi e attrezzature per compiere compiti specifici, acquisita attraverso l'esperienza e la formazione.	Capacità e senso critico nel lavorare con le persone: motivare, comunicare, lavorare in gruppo, dare esempio.	Capacità di capire le complessità dell'organizzazione nel suo insieme e del posto che la propria unità operativa ha nel quadro globale; interpretare le situazioni, elaborare la visione sugli obiettivi futuri.

I capi di primo livello devono possedere una considerevole abilità tecnica perché spesso vengono loro richiesti risultati tecnici nel breve periodo e anche di formare e sviluppare nuovi lavoratori e tecnici.
All'estremo opposto, gli alti dirigenti non hanno bisogno di sapere come eseguire tutti i compiti specifici a livello operativo, ma dovrebbero comprendere l'interrelazione fra tutte le funzioni e sviluppare gli orientamenti futuri dell'azienda; quanto più si sale nella scala gerarchica tanto più i capi-dirigenti devono avere capacità concettuali, saper delegare e saper pianificare.
In pratica, man mano che quadri e dirigenti fanno carriera, devono imparare a delegare i compiti che richiedono abilità tecniche ai loro subalterni, per avere il tempo d'acquisire le abilità umane e concettuali di cui ora hanno bisogno.

ABILITÀ NECESSARIE

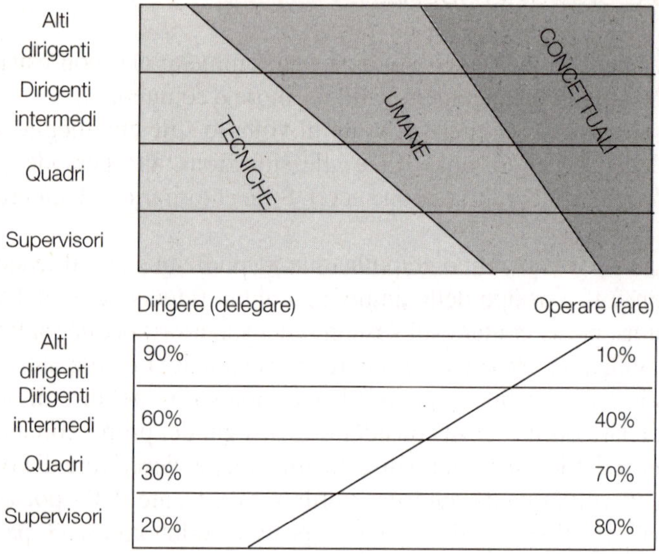

FATTORI FONDAMENTALI NEI PROGETTI E NEI CAMBIAMENTI ORGANIZZATIVI

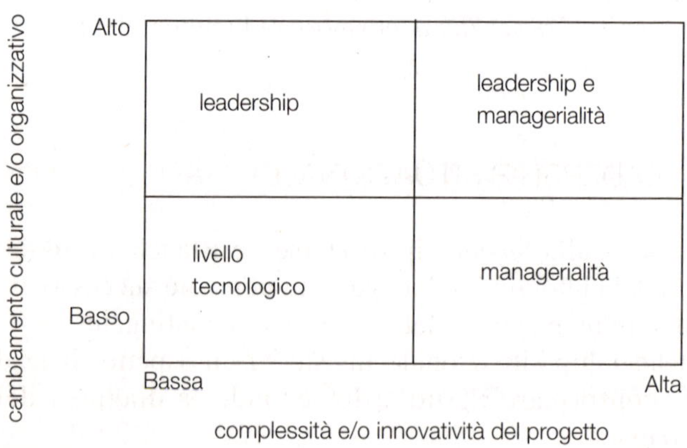

C'È UNO STILE IDEALE?

La maggioranza degli studiosi oggi ammette che non esiste uno stile di management valido sempre e comunque.
È necessario scegliere di volta in volta lo stile che meglio si adatta alle circostanze (cioè alle situazioni, alle persone, ai compiti, all'organizzazione ecc.). Stile autoritario o democratico?
Lo stile democratico è applicabile a condizione che il leader non soffra troppo delle ambiguità, abbia fiducia nei collaboratori, possa contare sul sostegno dei superiori, i collaboratori abbiano competenza e sicurezza personale. Lo stile autoritario è applicabile quando il leader non soffre nel dire di no, nel dare ordini senza considerare i bisogni dei propri collaboratori. Utile è il modello di Tannenbaum per descrivere di volta in volta quanta autorità è utilizzata a fronte della poca o massima libertà di decisione del proprio collaboratore. Si passa da una situazione in cui il collaboratore è nuovo al lavoro e il capo vuole mantenere il controllo dei risultati (il caso n. 1 nella tabella a pag. 16) a quella in cui il capo ha una fiducia completa nel collaboratore e quest'ultimo gode d'una libertà forte e può agire senza dover riportare i risultati del lavoro (il caso n. 7 nella tabella a pag. 16).

LA LEADERSHIP SITUAZIONALE

La teoria sulla leadership di Hersey e Blanchard, ossia la teoria del ciclo di vita, ha avuto un notevole successo.
Essa si richiama ai modelli relativisti o contingenti.
La leadership situazionale insiste su un aspetto: il leader deve conformare il suo stile secondo la diagnosi della situazione.
Pertanto è necessario cambiare stile al cambiare della situa-

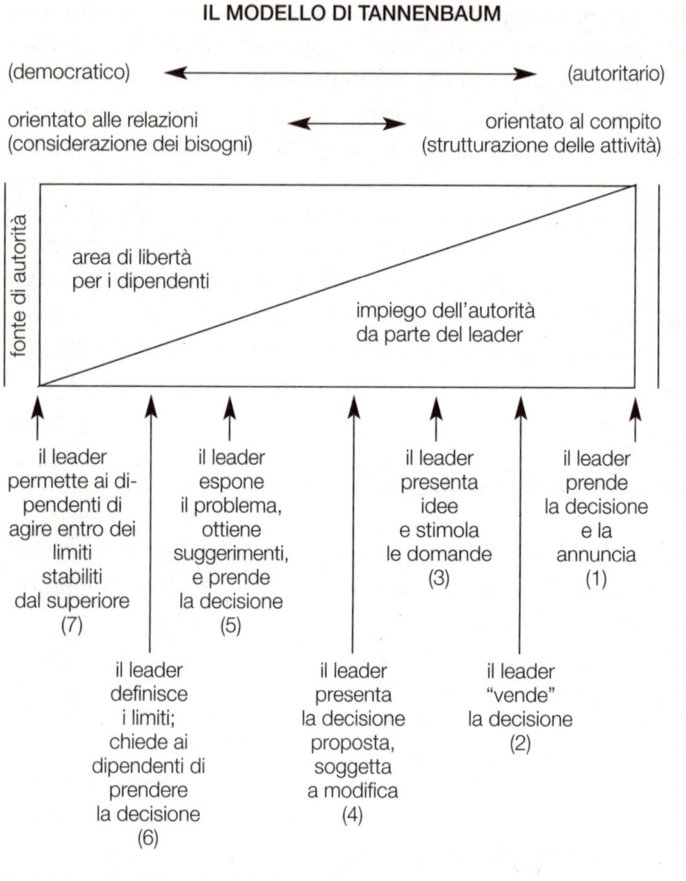

zione, favorendo l'autonomia professionale del lavoratore, cioè la sua crescita.

Ecco un esempio:

"Il mio rapporto con il capo è cambiato moltissimo nei due anni della mia permanenza in questo posto", osserva Mario Rossi che è tecnico di manutenzione.

"Il capo mi ha seguito da vicino all'inizio, dandomi istruzioni dettagliate e accertandosi che io capissi bene ciò che avrei dovuto fare. Man mano che mi impratichivo mi diede anche un po' più di confidenza e dimostrò maggiore interesse per le mie esigenze personali. Dopo un anno mi ero ormai dimostrato il suo tecnico migliore e finì per lasciarmi piena libertà sugli aspetti di manutenzione meccanica del lavoro: discutevamo soprattutto di relazioni interpersonali, mentre gli aspetti tecnici si limitavano più che altro alla constatazione della buona qualità del mio lavoro. Ora, dopo due anni, ha piena fiducia. Ci vediamo appena una volta o due alla settimana, anche perché il capo dedica molto del suo tempo ai nuovi assunti".

LA DIAGNOSI DELLE SITUAZIONI

Possiamo utilizzare come "discriminante" delle diverse situazioni il **livello di maturità** dei collaboratori, non la maturità generale delle persone.

La maturità dei collaboratori è data da:

- **La maturità lavorativa** è la competenza professionale specifica, l'esperienza maturata nello svolgere un particolare lavoro e nel raggiungere un determinato obiettivo; in pratica, esperienza di lavoro precedente, conoscenze professionali, comprensione dei requisiti lavorativi per un certo compito.
- **La maturità psicologica** è la disponibilità e la volontà di assumersi in prima persona le responsabilità che derivano dagli obiettivi o compiti assegnati; in pratica può essere considerata l'impegno nello svolgere un lavoro, la prontezza ad assumersi la responsabilità, la motivazione all'affermazione. Se un individuo o un gruppo possiede sia maturità lavorativa sia maturità psicologica, emerge un'altra dimensione della maturità che ne rappresenta un po' la sintesi.

Un capo si trova spesso a dover gestire singoli collaboratori e, in questo caso, si tratterà di cercare di definire il livello di maturità complessiva che l'individuo possiede a fronte dell'obiettivo lavorativo.
Abbiamo, pertanto, quattro livelli di maturità:

Maturità bassa (M1): la persona è non competente e non preparata, non pronta ad assumersi responsabilità, insicura.

Maturità medio/bassa (M2): la persona non è ancora competente, ma dimostra disponibilità e volontà di assunzione di responsabilità.

Maturità medio/alta (M3): il collaboratore è competente, ma si mostra ancora insicuro, non completamente disponibile ad assumersi responsabilità personali.

Maturità alta (M4): il collaboratore è ormai capace, competente, disponibile, sicuro di sé.

È chiaro che questa classificazione è da ritenersi indicativa e da rappresentarsi lungo un continuum che va dalla immaturità alla maturità completa.

GLI STILI DI COMPORTAMENTO DEL LEADER

Spontaneamente nei rapporti con i collaboratori il leader tende ad adottare principalmente uno di questi comportamenti:

- **il comportamento direttivo** o **di guida operativa**;
- **il comportamento di relazione** o **di sostegno psicologico**.

Il comportamento **direttivo** è costituito da indicazioni operative e normative, determinazione di obiettivi, organizzazione del lavoro, determinazione delle scadenze e dei controlli.

Dimensioni del comportamento direttivo	***Indicatore del comportamento*** ***La misura in cui un leader...***
Fissazione degli obiettivi	Specifica gli obiettivi che le persone devono raggiungere
Organizzazione	Organizza l'attività lavorativa per le persone
Fissazione di scadenze	Fissa delle scadenze per le persone
Direzione, controllo	Fornisce direttive specifiche Specifica e richiede rapporti regolari sui progressi fatti
Dimensioni del comportamento di relazione	***Indicatore del comportamento*** ***La misura in cui un leader...***
Fornire sostegno, comunicare	Dà sostegno e incoraggiamento Coinvolge le persone in discussioni tese a scambiare le opinioni sulle attività lavorative
Agevolare le interazioni	Agevola le interazioni delle persone tra loro
Ascoltare attivamente	Richiede e ascolta le opinioni e le preoccupazioni delle persone
Fornire un feedback	Fornisce un feedback sui risultati ottenuti dalle persone

Il comportamento di **relazione** è costituito da azioni tese a favorire un buon rapporto capo-dipendente: interazioni frequenti, coinvolgimento, scambio di opinioni, interesse per i problemi personali, ascolto attivo, comunicazioni franche ed esplicite ecc., come illustrato dallo schema della pag. precedente.

LA COERENZA TRA MATURITÀ E STILE

Maturità bassa (M1): persona non competente e non disponibile all'assunzione di responsabilità.

Probabilmente questo collaboratore avrà bisogno, prima di ogni altra cosa, di avere indicazioni precise sul lavoro da eseguire, di conoscere normative e procedure necessarie per svolgere adeguatamente le proprie mansioni, mentre minore importanza avrà per lui – in questo momento – l'aspetto relazionale; pensiamo alla situazione di un lavoratore in una nuova mansione, ai neoassunti.
Chiamiamo questo stile **direttivo**, cioè "che dice" le cose da fare, nel quale il leader prende le decisioni per i collaboratori, gli pianifica e organizza il lavoro; il ruolo dei dipendenti consiste nel fare ciò che viene loro comunicato (vedi schema a pag. 22, stile 1).

Maturità medio/bassa (M2): persona non ancora competente, ma disponibile ad assumere responsabilità, oppure competente ma non del tutto motivata ad assumersi la responsabilità per ragioni esterne alla persona.

Sono persone su cui bisogna tenere alta la tensione lavorativa o lo sviluppo professionale; specialisti di funzione, impiegati venuti dalla gavetta che vogliono sfuggire le sfide, persone su cui l'azienda ha smesso d'investire.

È opportuno mantenere alto il supporto e l'aiuto per ciò che riguarda il contenuto del lavoro, affiancato però dall'attenzione crescente a spiegare il perché delle decisioni e a tenere in considerazione l'opinione del collaboratore. Mostrare i vantaggi dell'attività e le relative gratificazioni.
È uno stile che potremmo definire **persuasivo**, nel quale le decisioni rimangono una responsabilità del capo, ma vengono illustrate e motivate con l'obiettivo di coinvolgere maggiormente il collaboratore attraverso un comportamento di relazione sempre più intenso.
È uno stile caratterizzato da un **alto** comportamento direttivo affiancato da un **alto** comportamento di relazione, cioè da una presenza forte (stile 2).

Maturità medio/alta (M3): persona competente, ma ancora insicura per ciò che riguarda l'assunzione di responsabilità individuali.

Il collaboratore è capace di svolgere adeguatamente le proprie mansioni; mostra però qualche incertezza sul piano della "determinazione", c'è qualcosa sul piano della motivazione che non lo soddisfa.
Si tratta di "rassicurare" il collaboratore, di dargli "fiducia nelle proprie capacità", condividendo con lui il peso della responsabilità finale.
Molti professional della ricerca, del personale, dell'informatica ecc. si trovano in questa condizione.
In questo stile **partecipativo**, capo e collaboratore decidono insieme le scelte qualificanti il lavoro e l'attenzione prevalente del leader sarà tesa ad agevolare l'assunzione di decisioni autonome da parte del collaboratore.
Lo stile **partecipativo** è caratterizzato da un **basso** comportamento direttivo e da un **alto** comportamento di relazione (stile 3).

STILI DI LEADER

Maturità dei collaboratori

La curva "a campana" tracciata nel grafico rappresenta lo stile più efficace in funzione della maturità dei collaboratori.

Maturità alta (M4): persona capace, competente, disponibile, responsabile, sicura di sé.

A questo punto il collaboratore è **autonomo**, è in grado di fissarsi gli obiettivi all'interno delle linee guida di riferimento stabilite dal capo.
Qui il comportamento del leader è limitato alla definizione delle linee di riferimento generali e alla disponibilità a fornire ai collaboratori aiuto e supporto solo quando viene richiesto.
È uno stile **delegante**, nel quale i livelli di interazione personale sono relativamente bassi e molto scarso il comportamento direttivo (stile 4).

SINTESI DEGLI STILI

STILE DIRETTIVO

- Pianifica la maggior parte del lavoro e prende la maggior parte delle decisioni per i collaboratori.
- Si aspetta che i collaboratori facciano ciò che gli è stato detto e riportino a lui i problemi importanti.
- Comunica ai collaboratori obiettivi semplici e concreti metodi e orari.
- Comunica a una sola via (capo ⟶ collaboratore).
- Controlla strettamente per verificare i progressi fatti dai collaboratori.
- Minimizza le interazioni, se non per comunicare istruzioni, risolvere problemi, controllare l'andamento del lavoro

STILE PERSUASIVO

- Prende decisioni e stabilisce prestazioni concrete *dopo* aver parlato con i collaboratori e aver considerato le loro indicazioni.
- Tiene i collaboratori ben informati e li ascolta: la comunicazione è a due vie.
- Interagisce frequentemente con i collaboratori; capo e collaboratore arrivano a socializzare anche in situazioni extra-lavoro.
- Dedica tempo a capire i problemi dei collaboratori e ad aiutarli a risolverli.
- Sostiene i collaboratori e li incoraggia con feed-back positivi (quando se lo meritano).
- Tratta i collaboratori con rispetto come individui e come pari.

STILE PARTECIPATIVO

- Comunica le aspettative generali sia rispetto ai risultati sia rispetto ai metodi.
- Incoraggia i collaboratori a strutturare il loro lavoro all'interno di linee-guida generali e li supporta nella realizzazione.
- Incoraggia i collaboratori a risolvere i loro problemi e li aiuta quando ne hanno bisogno.
- Interagisce frequentemente con i collaboratori sulla base di una comunicazione a due vie, affrontando argomenti di lavoro ma anche personali.

STILE DELEGANTE

- Fornisce ai collaboratori solo definizioni generali dei lavori.
- Permette ai collaboratori di strutturare e definire per conto proprio il lavoro.
- Interagisce con i collaboratori raramente per:
  - comunicare obiettivi/aspettative;
  - fare controlli informali;
  - quando è contattato dai collaboratori.
- Lascia che i collaboratori prendano decisioni e risolvano i problemi autonomamente all'interno di quadri di riferimento.
- Fornisce aiuto, incoraggiamento, supporto, in limitata quantità o su richiesta dei collaboratori.

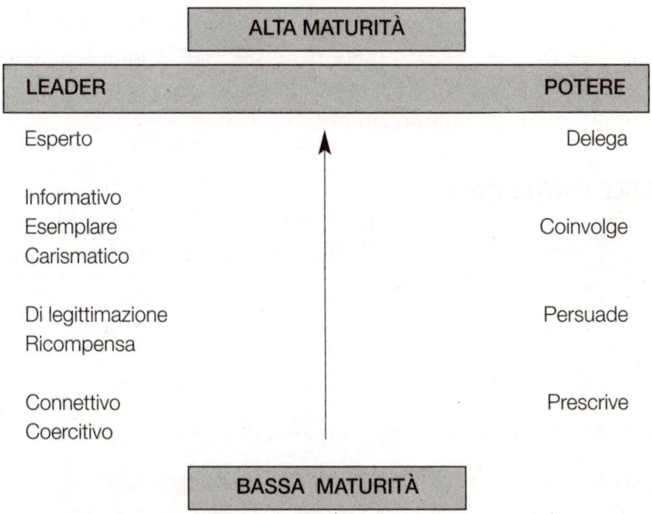

Le fonti di potere da utilizzare in relazione alla maturità.

LE PATOLOGIE NELLA GESTIONE DEGLI STILI

Gli stili possono essere esasperati dal leader e degenerare in comportamenti non funzionali.
"Fuori" dalle sintesi esposte nelle pagine. precedenti si possono evidenziare le esasperazioni degli stili:

- Uno stile eccessivamente direttivo rischia di diventare **autoritarismo**; gli indirizzi diventano ordini, la comunicazione è a senso unico, le correzioni diventano reprimende minacciose.

- Un certo modo, un po' capzioso, di persuadere diventa facilmente **manipolazione**; si modificano i dati di realtà, si esaltano virtù insignificanti del collaboratore, gli obiettivi secondari diventano i principali, si chiedono pareri su cose già decise.

- Partecipare sempre e comunque è **assemblearismo**, primo passo per lo scarico di responsabilità individuali ("è stato il gruppo") e per non decidere; si coinvolgono persone che non servono, si fanno riunioni inutili.

- Lo stile delegante può diventare **lassismo** e disinteresse; non si concordano i risultati, né i criteri di controllo.
  Se lo stile del capo non è coerente con la maturità dei collaboratori, l'applicazione dello stile può diventare pericolosa.

Lo stile direttivo può diventare →	Autoritario
Lo stile persuasivo può diventare →	Manipolativo
Lo stile partecipativo può diventare →	Assemblearista
Lo stile delegante può diventare →	Lassista

Non realizzando pertanto:

- Lo sviluppo professionale e dell'autonomia dei collaboratori.

- Il raggiungimento dei risultati prefissati.

UTILIZZO DELLA LEADERSHIP SITUAZIONALE

Una delle responsabilità del capo dovrebbe essere quella di favorire lo sviluppo professionale dei collaboratori che gli sono affidati, la loro maturità e la loro autonomia in modo che il capo possa dedicarsi ad attività più "strategiche".
Un capo sa "dirigere" i propri collaboratori quando adotta uno stile conforme a un livello di maturità.
Ma se, per esempio, adotta uno stile **direttivo** con collaboratori di maturità M3 (vedi pag. 18), la conseguenza sarà quella di provocare una sorta di "involuzione", di farli sentire "soffocati" da uno stile troppo pressante.
Oppure se, per esempio, utilizza uno stile **delegante** a fronte di maturità M1 o M2, le persone si sentiranno "abbandonate" interpretando la delega o la partecipazione come lassismo o scarico di responsabilità da parte del capo.
In una parola, il modificarsi dello stile – che pure è necessario – **deve essere graduale nel tempo**.
Quanto detto vale per lo sviluppo professionale del collaboratore: idealmente, dal momento dell'assunzione (M1) alla autonomia completa (M4).
Può succedere che un collaboratore normalmente autonomo, per motivi personali di insoddisfazione, retroceda a un livello di maturità inferiore. Si tratterà, allora, di correggere lo stile in maniera coerente, dopo aver valutato attentamente la nuova situazione.

LA GESTIONE SITUAZIONALE

CORRELAZIONE FRA STILI DI LEADERSHIP, LIVELLI DI MATURITÀ E TEORIE MOTIVAZIONALI

	Livello di maturità		***Stile***
IMMATURO	M1 Basso	Incapace, non disponibile Incapace, insicuro Bisogni fisiologici Bisogni di sicurezza Fattori igienici	S1 - Prescrivere Fornire istruzioni dettagliate ed esercitare uno stretto controllo
↓	M2 Medio/Basso	Incapace, disponibile Incapace, sicuro o fiducioso Scarso realizzatore	S2 - Persuadere Esporre le decisioni ed essere disponibile per fornire eventuali chiarimenti
↓	M3 Medio/Alto	Capace, insicuro Capace, non disponibile Grosso realizzatore	S3 - Coinvolgere Far sì che ciascuno offra il proprio contributo di idee e stimolare la partecipazione nel processo decisionale
MATURO	M4 Alto	Capace, disponibile Capace, sicuro Grosso realizzatore	S4 - Delegare Trasferire ad altri la responsabilità della decisione e della successiva attuazione

SCALA DI MATURITÀ LAVORATIVA

questa persona........................ nel perseguire questo obiettivo

Scale	Alta	Intermedia					Bassa	
	8	7	6	5	4	3	2	1
	M4	M3			M2		M1	
1. Esperienze di lavoro precedente	Ha esperienze utili al lavoro					Non ha esperienze utili		
	8	7	6	5	4	3	2	1
2. Conoscenze professionali	Ha le conoscenze professionali necessarie					Non ha le conoscenze professionali necessarie		
	8	7	6	5	4	3	2	1
3. Comprensione requisiti lavorativi	Comprende perfettamente cosa si deve fare					Comprende poco cosa si deve fare		
	8	7	6	5	4	3	2	1

PARLARE IN PUBBLICO

COME PRESENTARSI

Lo sapevate che il contenuto di un discorso incide solo per il 7% sull'efficacia della comunicazione interpersonale?
L'analogico, cioè come ci si muove, i gesti che si fanno, le espressioni del viso, contano per un buon 55%.
Il rimanente 38% dipende da come si parla, quindi dal tono, dal volume, dal timbro della voce.
Forse è capitato anche a voi di ascoltare un discorso di un tecnico competente su un argomento che vi interessava in modo particolare e di non riuscire a mantenere l'attenzione, di sentire le palpebre pesanti fino a chiudere gli occhi. Che cosa è successo? Semplice, l'oratore ha commesso una serie di sbagli che il pubblico non gli ha perdonato: ha letto velocemente i propri appunti usando sempre lo stesso tono di voce, non si è preoccupato di fare una introduzione adeguata, di scegliere parole e immagini pregnanti, di mantenere un contatto visivo con l'uditorio, di usare sussidi audiovisivi, di terminare con una

conclusione motivante come una nota squillante alla fine di un concerto.
La buona comunicazione c'è solo quando lo spettatore/ascoltatore dà segni visibili di avere capito la prima parte della frase dell'oratore. Se non vi sono queste risposte l'oratore deve avere la capacità di cambiare il modo in cui presenta il proprio discorso fino a quando non raggiunge il risultato desiderato, che non è quello di leggere tutti i suoi appunti nel tempo concesso ma di trasmettere al pubblico il contenuto del suo intervento, controllando sempre che qualcuno non capisca "Roma per toma".

ASPETTI DA TENERE IN CONSIDERAZIONE
PER LA PRESENTAZIONE DI UNA RELAZIONE

- Introduzione.
- Uso della voce.
- Scelta delle parole.
- Contatto con l'uditorio.
- Uso dei sussidi audiovisivi.
- Conclusione.

COME MUOVERSI

Napoleone diceva che l'arte della guerra è una scienza in cui nulla riesce che non sia stato calcolato e meditato. Questa regola vale anche per l'oratoria, in cui tutti i gesti e anche i micromovimenti vanno provati e riprovati fino a quando diventano parte integrante del comportamento dell'oratore.
Non bisogna però reprimere la mimica e la gestualità che sottolineano la parola, attirano l'attenzione e la convogliano nelle fasi salienti del discorso.

Una certa mimica e gestualità spontanea aiutano anche a scaricare l'ansia e il nervosismo di chi parla.
Cosa fare per trovare un proprio stile che coniughi spontaneità e tecnica? Ecco alcune semplici regole.

- I gesti devono essere sempre appropriati a ciò che dite. Se, per esempio, parlate di amicizia, evitate una posizione di chiusura. Non tenete le braccia conserte sul petto ma apritele come se voleste abbracciare il pubblico e accompagnate questo gesto con una espressione del viso sorridente e disponibile.

- Controllate i movimenti e i tic involontari, come toccarsi gli occhiali o i capelli, giocherellare con la biro, muovere ritmicamente una parte del corpo. Non fate, per esempio, dondolare la testa dando l'impressione di dire "no, no, no" oppure il corpo creando nel pubblico quello che in gergo si chiama "effetto mal di mare".

- Non state abbarbicati alla vostra poltrona come se fosse un salvagente in mezzo a un mare in tempesta. Muovetevi con disinvoltura tra i presenti dimostrando che state parlando "con loro" e non "a loro" come farebbe un vecchio professore con degli alunni un po' stupidi.

- Non cedete alla tentazione di entrare nel ruolo del genitore saccente che spiega a bambini inesperti. Instaurate da subito un rapporto alla pari, tra persone adulte. Per chi ha qualche conoscenza di analisi transazionale è noto che il rapporto "genitore-bambino" crea antipatia mentre è ben accettato il rapporto "adulto-adulto".

- Mentre vi muovete tra il pubblico potete fare anche delle domande che non devono mai essere di tipo troppo diretto. A "Lei cosa pensa di...", preferite "Quanti di voi pensano che...".

COME VESTIRSI

"L'abito non fa il monaco" dice un vecchio proverbio. È evidente che l'abito non trasforma un conferenziere banale in un oratore brillante. Non esiste una divisa da conferenziere. Come vestirsi allora? Quale regola seguire?
È semplice, informatevi su come veste il vostro pubblico e adeguatevi.
Completo di tasmania grigio, cravatta simpaticamente classica, scarpe di marca per i manager dell'IBM, noti per il loro rispetto per le tradizioni. Camicia sportiva, golf casual per i soci di un club di maratoneti.

COME USARE LO SGUARDO

"Ogni comportamento è comunicazione. Non si può non comunicare", afferma Paul Watzlawick, ricercatore dell'università di Palo Alto. Watzlawick spiega che lo sguardo è uno dei mezzi di comunicazione più potenti di cui l'uomo dispone.
Un esempio eccellente era Eduardo De Filippo che con un battito di ciglia sapeva comunicare le emozioni più diverse.
Quando parlate in pubblico abituatevi a guardare negli occhi gli spettatori.
Fissateli per pochi secondi dando la sensazione che state parlando direttamente con loro. Poi fate girare lo sguardo in modo circolare ricordandovi di guardare anche quelli che in gergo vengono chiamati "gli orfani", cioè coloro che siedono vicino a voi o sono ai lati della sala.
Fate attenzione a non usare lo sguardo in modo negativo, come chi si guarda in giro senza uno scopo o fissa lo sguardo su una persona senza nemmeno vederla.

COME USARE LA VOCE

Ricordatevi che il 38% del vostro successo dipende dal tono, dal volume, dal timbro della voce. Ascoltate alla televisione o alla radio le persone che sanno usare la voce con maestria e cercate di imitarle. Bastano poche lezioni di dizione per dare alla vostra voce una impostazione corretta, togliervi eventuali cadenze dialettali e abituarvi all'uso delle pause che, se ben pianificate, aiutano a creare suspence e attenzione.
Nel caso siate in preda a una crisi di panico la voce vi diventerà stridula tanto che faticherete a riconoscerla come vostra. In questo caso dovete ossigenare i polmoni inspirando profondamente ed espirando lentamente come se doveste spegnere a una a una tutte le candeline di una grande torta di compleanno.

COME PREPARARSI

Richard Washburn Child, ex ambasciatore degli Stati Uniti in Italia, era diventato famoso per la sua abilità oratoria. A un giornalista dell'Associated Press, che gli chiese il segreto del suo successo, rispose:
"Piaccio perché sono spontaneo, entusiasta. La vita mi incuriosisce e mi appassiona così tanto che non riesco rimanere indifferente. Debbo raccontarlo a tutti."
"Tutto qui?" domandò stupito il giornalista.
"No, ho ancora tre segreti" rispose sorridendo l'ambasciatore.
"Il primo: la preparazione di una scaletta precisa in cui uso riferimenti concreti a tempi, luoghi, persone, fatti e traduco in slogan e immagini i concetti più difficili enfatizzandoli con l'uso della voce.
Il secondo: cerco tutte le informazioni e notizie possibili sul pubblico che assisterà al mio intervento in modo da renderlo adatto alla loro realtà di lavoro e di vita. Uso, quindi,

esempi, aneddoti curiosi e divertenti confezionati proprio per loro.
Il terzo: non mi stanco mai di provare e riprovare il testo della mia conferenza perché ho lo convinzione profonda che oratori non si nasce ma è un titolo che si conquista".

COME SOLLECITARE ATTENZIONE-COINVOLGIMENTO
CIOÈ CONTATTO/RAPPORTO
(secondo Richard Washburn Child)

- Provocare l'emotività.
- Drammatizzare.
- Usare riferimenti concreti (temi, luoghi, persone, fatti ecc.).
- Usare le pause, il ritmo, il tono.
- Tradurre in slogan.
- Tradurre in immagini.
- Usare i canali.
- Usare esempi, aneddoti, humor.
- Usare lo sguardo circolare, la mimica o una congruente gestualità.

CONOSCERE IL PUBBLICO

Quando progettate il vostro intervento, informatevi sul tipo di pubblico che sarà in sala: allegate ai moduli di iscrizione un questionario in cui chiedete età, situazione familiare, hobby, mansioni svolte in azienda, valori, stile di vita e qualsiasi altra notizia utile per "confezionare" il vostro intervento come un abito su misura.

Un giorno fu chiesto a Enzo Biagi: “Che cosa interessa alla gente?”. Il celebre scrittore e oratore rispose senza pensarci un secondo: “Se stessa”.

CONOSCERE L'ARGOMENTO

Immaginate un iceberg: ciò che vedete è il 10%, il 90% rimane nascosto sott'acqua. Anche nel caso di un discorso, di una conferenza, solo il 10% delle conoscenze acquisite emerge durante il tempo concesso. Il 90% rimane nei forzieri della memoria. Conoscere però profondamente ciò di cui si parla aiuta ad avere più sicurezza e a controbattere anche alle domande più insidiose. Ricordate che, come diceva De Filippo, non si finisce mai di imparare.

Fate particolare attenzione a tutte quelle affermazioni che suggeriscono un rapporto “causa-effetto” in quanto possono suscitare domande delle quali dovete anticipare la risposta. Se dite, per esempio, che in uno dei vostri grandi magazzini è stato chiuso il reparto abbigliamento preparatevi a spiegare dove è andato il personale addetto a quelle vendite (effetto) e che cosa ha provocato la chiusura del reparto (causa).

Un po' prima del giorno fatidico aggiornate le vostre conoscenze leggendo giornali, pubblicazioni specializzate, libri freschi di stampa. Se non siete al corrente delle ultime novità potreste trovarvi nei guai. C'è sempre qualcuno tra il pubblico che le conosce ed è in grado di mettervi in difficoltà.

PREPARARE UNA SCALETTA

Una volta che conoscete a fondo l'argomento dovete dare alle vostre conoscenze degli ordini di priorità. È quello che fanno anche i giornalisti che, prima di scrivere un articolo, ne tracciano la scaletta.

COME PREPARARE LA SCALETTA

1. Stesura di tutte le idee connesse al tema.
2. Isolare i punti principali e più convincenti.
3. Metterli in ordine logico.
4. Preparare l'inizio e la fine della relazione.
5. Ridurre a poche note essenziali.
6. Preparare gli eventuali supporti..

COME USARE IL LINGUAGGIO INDIRETTO

Vi sono diverse tecniche per usare il linguaggio indiretto che permette di superare le resistenze della mente conscia e di vivacizzare l'intervento rendendolo più comprensibile al pubblico. Tra le più semplici vi sono le analogie (ne ho usate molte in questo capitolo), i controesempi, i paradossi (ricordate le battute di Bernard Shaw?). Più complesse sono le metafore e gli episodi di vita vissuta di cui vi darò qualche esempio.

LE METAFORE

Già nell'antichità si utilizzavano frequentemente. Aristotele nella *Poetica* scrisse: "La metafora consiste nel trasferire a un oggetto il nome che è proprio di un altro". Si crea infatti una metafora quando usiamo parole o simboli che appartengono al mondo di chi ci ascolta oppure quando, con l'accorgimento linguistico del "come se", trasferiamo concetti e strutture linguistiche da un contesto a un altro, magari completamente diverso. In Italia quasi tutti i bambini frequentano per la prima comunione corsi di catechismo, forse l'avete fatto anche voi e vi ricordate ancora le metafore di cui è ricco il Vangelo. Un esempio. Quando Gesù si recò in un villaggio di pescatori per dire loro di fare nuove proseliti disse: "Dovete diventare pescatori di uomini".

Anche i moderni mezzi di comunicazione ricorrono a metafore efficaci per riassumere in una frase concetti complessi. Basta pensare a come la CNN ha intitolato le notizie relative alla Guerra del Golfo. Nella prima fase: "Operazione scudo nel deserto", cambiato in "Tempesta nel deserto" quando fu deciso un intervento militare attivo.

Per prendere confidenza con le metafore iniziate a recepire quelle presenti nel linguaggio comune e cercate di capire le convinzioni profonde e i valori di chi le usa. Un manager che dice: "La mia azienda è un campo di battaglia" e parla di "raggiungere gli obiettivi costi quel che costi – distruggere il nemico – schierare le forze contro l'avversario" avrà un modo di pensare diverso da chi, per esempio, dice "la mia fabbrica è come la mia famiglia" e parla di "valori condivisi – esperienze dei padri – responsabilità dei figli".

ANEDDOTI DI VITA VISSUTA

Non abbiate paura di far conoscere il vostro lato più umano raccontando quegli episodi (naturalmente pertinenti con l'argomento dell'incontro) della vostra vita che hanno avuto un tale impatto da farvi cambiare un comportamento o

una convinzione radicata. Se il vostro obiettivo è convincere è, infatti, più produttivo agitare emozioni che suscitare pensieri.
Per rendere il vostro racconto più interessante è necessario che lo riviviate con passione nel raccontarlo. Descrivete al pubblico ciò che c'era attorno a voi, i colori, le forme, le immagini. Fate ascoltare i suoni, i timbri particolari e le intonazioni delle voci di chi ha partecipato a quell'episodio. Non dimenticate i profumi, gli odori, i gusti. Terrete così impegnati tutti i canali sensoriali attraverso i quali si trasmettono completamente le esperienze.
Ecco, per esempio, come si può trasformare una frase che descrive un piccolo fatto in una esperienza di vita vissuta, considerando che, come dice Aldous Huxley, "l'esperienza non è quello che ti succede ma quello che tu fai con ciò che ti accade".

L'altro giorno venne da me un uomo che era abbastanza arrabbiato perché il computer che gli avevo venduto non funzionava.

Martedì scorso, proprio quando avevo iniziato a bere un buon caffè fragrante e profumato, la porta del mio ufficio si spalancò rumorosamente. Sorpreso e un po' spaventato, sollevando lo sguardo vidi Marco Giovanelli, un mio buon cliente, a cui avevo venduto un computer il giorno prima. Aveva il volto alterato e paonazzo, masticava con rabbia un grande sigaro il cui odore acre riempì ben presto il mio ufficio. Non ebbi nemmeno il tempo di invitarlo a sedere. Marco mi urlò in faccia: "A me, caro venditore dei miei stivali, non si tirano bidoni...".

In questo racconto sono stati tenuti presenti i seguenti fattori di animazione:

FATTORI DI ANIMAZIONE

- Punteggiatura:
  - pause;
  - ritmo;
  - tono.
- Mimica/gestualità.
- Sguardo.
- Linguaggio.

COME USARE GLI AUSILI VISIVI

Questi strumenti che possono essere semplici oggetti di uso comune o anche i filmati più sofisticati aumentano l'interesse del pubblico del 40%, la capacità di comprensione del 35%, riducono il tempo necessario per l'apprendimento del 25%.

OGGETTI

Se non potete attrezzare la sala con mezzi audiovisivi, comprate semplici oggetti da usare come simboli, metafore visive. Gli oggetti debbono essere abbastanza grandi da essere ben visti dal pubblico. Nei negozi di giocattoli per grandi e per piccoli potete trovare molte idee. Per esempio il facsimile di una grande banconota degli anni Cinquanta da agitare davanti al pubblico parlando di inflazione. Una bacchetta magica luminosa per trovare nuove soluzioni usando il pensiero creativo/laterale. Potete chiedere: "Quali nuovi prodotti vorreste creare con l'aiuto di questa bacchetta magica?".

LAVAGNE, LUCIDI, CARTELLONI

Sicuramente li avete già utilizzati o visti utilizzare. Mi limito quindi a darvi qualche semplice consiglio.

- Controllate il giorno prima dell'intervento che siano stati messi dove avete richiesto e che siano adatti al materiale che avete già predisposto.

- Alternate l'uso delle lavagne su cui scriverete solo i titoli degli argomenti più importanti con quello di fogli mobili dove con simboli e grafici spiegherete il contenuto.

- Attaccate i fogli mobili con dello scotch alle pareti in modo che chi è interessato a copiarne il contenuto lo possa fare quando vuole.

- Fate attenzione, quando ne illustrate il contenuto, a non coprirli con la vostra persona e a non girare le spalle al pubblico.

FILMATI

Prima di decidere se investire parte del vostro budget in un filmato di appoggio al vostro intervento, fatevi queste domande:

- Il filmato è in sintonia e congruente con il contenuto del vostro discorso?

- Il pubblico potrà realmente trarre nuove conoscenze dal filmato?

- Le informazioni che il pubblico riceverà giustificano il tempo impiegato e il costo sostenuto?

LO SCHEMA OPERATIVO

Come diceva Bernard Shaw: "Con lo stile giusto si può dire tutto. Con lo stile sbagliato nulla". L'unica difficoltà sta nel trovare lo stile. Ecco quindi il motivo per cui è necessario fare uno schema operativo dell'intervento avendo ben presente cosa fare e cosa non fare.

INTRODUZIONE

Secondo numerose ricerche, nei primi quattro minuti il pubblico esprime il suo giudizio inconscio su di voi, vi accetta o vi rifiuta. In seguito è difficile fargli cambiare idea anche perché, se non siete abili, dopo i primi quindici minuti l'attenzione calerà fino a diventare quasi inesistente dopo quarantacinque minuti.

Cosa fare. Iniziate a rivolgervi al pubblico con una frase che enfatizza ciò che vi unisce. Se sono colleghi chiamateli pure "cari colleghi", se sono persone che conoscete bene e avete già intrattenuto in altre circostanze dite: "cari amici" e ricordate l'ultima volta che vi siete incontrati.
La prima fase deve destare curiosità e interesse. Un modo per farlo è porre una domanda richiedendo una risposta: "Vi chiedo di alzare le mani se siete d'accordo con..." o "Quanti di voi sono a conoscenza che...".
Per quanto riguarda la posizione del corpo, iniziate stando in piedi, appoggiatevi bene sulle gambe che debbono essere a circa dieci centimetri l'una dall'altra con i muscoli delle spalle e del collo ben distesi. Darete così l'impressione di essere rilassati ma dinamici.

Cosa non fare. Evitate di iniziare l'intervento in modo sottomesso o addirittura scusandovi. Voi siete il capitano della barca, l'unico responsabile della rotta.
Evitate anche di farvi sorprendere dai partecipanti mentre vi affannate a controllare gli ultimi particolari come la disposi-

zione delle sedie o degli audiovisivi: dareste l'impressione di un oratore disorganizzato che non ha nemmeno il tempo per dire buongiorno.
Evitate di tossire o di schiarirvi la voce. Fuggite da "eh" "uhm" "oh" e altre simili espressioni.
Non iniziate raccontando una barzelletta. Non tutti hanno il vostro stesso senso dell'umorismo.
Se trattate argomenti controversi come la politica, il ruolo della donna, le discriminazioni razziali evitate anche le più piccole battute ironiche: potreste ferire la sensibilità di chi vi ascolta.

SVOLGIMENTO

Cosa fare. Fate uno schema operativo in cui indicate in diverse colonne la scaletta degli argomenti, il tempo necessario per svolgerli, gli esempi di linguaggio indiretto che userete, i supporti visivi (vedi tabella a pag. seguente).
Vicino a ogni argomento mettete parole chiave, simboli grafici, disegni, immagini che vi ricorderanno che cosa dovete dire. Ricordatevi che questo schema operativo è una semplice traccia a cui dare un'occhiata ogni tanto e certamente non va letto.
Se perdete il filo del discorso rimanete calmi. Fate una pausa e prendete fiato inspirando e poi, mentre espirate, ammettete pure di trovarvi in un momento di difficoltà. Fate pure una battuta spiritosa su voi stessi o tenete pronta per l'occorrenza una celebre frase di Kipling che vi servirà a chiedere scherzosamente al pubblico: "Quale dei sei servitori ho dimenticato?".
"Ebbi sei onesti servitori – diceva Kipling. – Mi insegnarono tutto quello che so. I loro nomi sono Chi, Dove, Quando, Come, Perché, Che cosa".

LO SCHEMA OPERATIVO

TEMPO TOTALE [ ]

	scaletta argomenti	***tempi (minuti)***	***esempi***	***supporti***
Introduzione	______ ______ ______			
Svolgimento	______ ______ ______			
Conclusione	______ ______ ______			

CONCLUSIONE

Cosa fare. È questo il momento per incitare il pubblico a compiere azioni precise e concrete relative all'argomento del vostro dibattito. Se, per esempio, volete che scriva una petizione, concordate il testo assieme, fatelo battere a macchina, date una copia a ognuno e ritiratela già firmata.

Cosa non fare. Non perdete tempo in lunghe dichiarazioni di intenti. Ormai l'attenzione è scarsa. Ricordatevi di un vecchio detto cinese: "Dilungarsi tanto a parlare e non raggiungere nulla è lo stesso che arrampicarsi su un albero per acchiappare un pesce".

IL DIBATTITO

"Solitamente mi ci vogliono tre settimane per preparare un valido discorso improvvisato", diceva Mark Twain. Il dibattito è basato sull'improvvisazione e non è facile gestirlo.

Cosa fare. Se siete ai vostri primi dibattiti chiedete a un assistente di raccogliere le domande, di raggrupparle per argomenti, di ordinarle secondo uno schema logico già concordato durante la preparazione dell'incontro.
Se il pubblico non vi fa subito delle domande rompete il ghiaccio ponendo voi stesso una domanda. La potete formulare così: "*Prima di iniziare l'incontro questa mattina* (oppure durante il pranzo di ieri) qualcuno di voi mi ha chiesto...".
Controllate il tempo, un incontro deve finire nei tempi prestabiliti. Come dicono i francesi: "La puntualità è la gentilezza dei re".

Cosa non fare. Non arrabbiatevi se ci sono delle critiche. Ristrutturatele in positivo ripetendo la frase che vi è stata rivolta e aggiungendo gli argomenti a sostegno della vostra tesi.

Non tenete le mani in tasca o le braccia conserte perché dareste un'impressione di chiusura. Non appoggiatevi al tavolino da conferenziere o al muro. Non sono questi i sostegni di cui avete bisogno.

Infine, usate anche il vostro senso dell'umorismo. Non abbiate troppa paura delle brutte figure. State imparando un'arte difficile. Ricordatevi di ciò che disse un giorno Shaw, che amava i paradossi, a un suo caro amico che si complimentava con lui per la sua abilità oratoria: "Ho imparato a parlare in pubblico come ho imparato a pattinare. Continuando a rendermi ridicolo fino a quando, allenandomi giorno dopo giorno, ho acquistato fiducia nelle mie qualità".

PARLARE IN PUBBLICO

GRUPPI DI LAVORO E RIUNIONI

C'è chi sostiene che le riunioni sono indispensabili e chi, invece, dice che sono una perdita di tempo.
Il sistema di far riunioni si è diffuso, molti manager dedicano gran parte del loro tempo allo scambio di informazioni, a fare analisi o a prendere decisioni, non solo insieme al proprio gruppo di lavoro ma anche con colleghi e/o gruppi di altri settori; ci sono comitati, task-force, team che operano attraverso le riunioni. Dunque la riunione è lo strumento di lavoro di diversi tipi di gruppi di lavoro.
Si è calcolato che i manager impiegano fino al 75% del loro tempo in riunioni formali o informali, perché queste sono considerate veri e propri meccanismi di integrazione del "sistema" azienda.
In un'azienda il lavoro di gruppo può nascere dalla necessità:

- di una integrazione fra funzioni diverse;
- dell'unione di più risorse per far fronte in tempi adeguati e con approcci diversi a un progetto.

L'efficacia di una riunione dipende dalla qualità del flusso comunicativo del gruppo e/o dal clima sociale e dal metodo per organizzare e condurre la riunione. Sicché, oltre a organizzare la riunione, è importante gestire lo sviluppo dei rapporti del gruppo di persone e le dinamiche psicologiche dei partecipanti.
Per sviluppare i rapporti interni al gruppo, avremo a che fare con due tipi di problemi:

1. La consistenza numerica dei gruppi.

2. La dinamica psicologica dei gruppi.

LA QUESTIONE DEL NUMERO DEI PARTECIPANTI

Quando si è in troppi si lavora male. Quando si è troppo pochi si corre il rischio di non avere le risorse umane adeguate.
Se, per esempio, per una riunione non si riesce a definire in tempi ragionevoli una lista precisa e motivata dei partecipanti, questo può essere un segnale del fatto che gli scopi dell'incontro non sono ancora chiari.
È bene ricordare cosa dice la "formula di Thelen" (v. pag. seguente) concernente i potenziali canali di comunicazione esistenti in un gruppo in funzione del numero dei partecipanti.

$$\text{Numero canali} = \frac{Np\,(Np - 1)}{2}$$

dove Np è il numero delle persone.
Così, supponendo che ognuna entri in comunicazione con le altre tre, tra quattro presenti si attivano sei canali di comunicazione. In un'ora di riunione, di conseguenza, ogni canale di comunicazione ha a disposizione un tempo teorico di dieci minuti; quindi quanto più cresce il numero dei partecipanti tanto più è difficile valorizzare l'apporto di ciascuno.

LA FORMULA DI THELEN

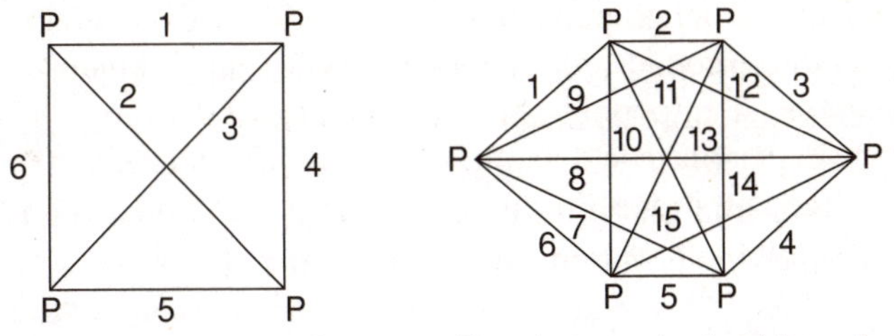

Tra quattro persone si sono 6 potenziali canali di comunicazione

Tra sei persone i potenziali canali di comunicazione diventano 15

EFFETTI DELLA CONSISTENZA NUMERICA DEI GRUPPI

aspetti	*consistenza numerica del gruppo*		
	2-7	***8-12***	***13-16***
	LEADERSHIP		
Impegno del leader	scarso	medio	elevato
Quantità di direttive	scarsa	media	elevata
	MEMBRI		
Tolleranza e informalità	elevata	media	scarsa
Partecipazione	elevata	media	scarsa
Predominio di alcuni	scarso	medio	elevato
	DINAMICHE DI GRUPPO		
Formalismo	moderato	medio	elevato
Tempo per decidere	moderato	medio	elevato
Formazione di coalizioni	debole	media	forte

LE FASI EVOLUTIVE DEL GRUPPO

I gruppi seguono alcune specifiche dinamiche di rapporto e di evoluzione, una sorta di itinerario tendenziale.

1. La fase iniziale (born). In questa fase la soggettività dei partecipanti è dominata dal *problema della sicurezza*; si domandano: "Sarò accettato?"; "Quali sono le regole di comportamento che devo tenere?"; "Chi sono costoro?"; "Chi comanda qui?". Si trovano, in sostanza, di fronte al problema di essere accettati o esclusi. Possono verificarsi, in questa fase, reazioni attive (tentativi di rubare il tempo negli interventi, di "braccare" gli interlocutori cercando di instaurare a tutti i costi un contatto fisico ecc.) o passive (sospensione del giudizio, osservazione ecc.). È necessario, quindi, porre molta cura nella situazione logistica delle singole persone (posti personalizzati, cartelle, temperature ambiente ecc.) e chiarire le finalità e il metodo di lavoro del gruppo, magari con una modalità di presentazione non stereotipata.

2. La fase d'identificazione con il gruppo (storm). In questa fase vi è il bisogno *di manifestare la propria individualità*. È una fase di "tempesta" poiché la ricerca di spazi individuali per essere e agire – l'uscita dall'anonimato – conduce una certa turbolenza di relazioni; si creano simpatie, alleanze, sottogruppi, leader informali. A questo punto si possono affidare al gruppo dei compiti di elaborazione che generano un confronto dei punti di vista; ciò è in sintonia con l'esigenza di stabilire rapporti interpersonali più profondi.

3. La fase di fusione (norm). Se le fasi precedenti sono state superate sfruttando il conflitto in senso produttivo, cioè facendo emergere una "volontà" di risolvere i problemi, ai grup-

pi, in questa fase, si possono affidare attività di valutazione e decisione. I membri sentono il bisogno di norme per poter cooperare utilmente.
Il gruppo ha la consapevolezza che nelle decisioni sono in gioco i contenuti e non i rapporti; il dissenso non è vissuto dai partecipanti come esclusione.

4. La fase produttiva (perform). Tutti i partecipanti si sentono interdipendenti e l'uso del "noi" è l'indizio del raggiungimento di questa fase. Qui il peso delle leadership deve calare e il gruppo può procedere allo sviluppo di progetti complessi, caratterizzati da un intreccio di diagnosi/decisioni legate da rapporti logici e temporali.

FASI DI SVILUPPO DI UN GRUPPO DI LAVORO

	Fase iniziale	*Fase di identificazione con il gruppo*	*Fase di fusione*	*Fase di efficacia produttiva*
Situazione soggettiva	Di insicurezza nel gruppo (autodifesa)	Necessità di rapporti (frammentazione)	Confronto opinioni personali (fusione)	Senso di appartenenza al gruppo
Tendenza all'integrazione	Necessità di appropriarsi di spazi personali	Il gruppo valuta le risorse personali	Gestione delle risorse e dei momenti conflittuali	Capacità di gestire il il potere intrinseco (sono, posso, voglio)
Attività possibili	Dare informazioni ed esperienze (bassa difficoltà e conflittualità)	Elaborazione dati e informazioni	Valutazione e decisione	Prestazioni progettuali complesse
1 ——— PASSARE DEL TEMPO ———→				
Il gruppo è centrato sui rapporti			Il gruppo è centrato sui contenuti	

COME ORGANIZZARE UNA RIUNIONE

Quando si pensa di organizzare una riunione vi sono due cose da stabilire:

- determinare il tipo di riunione;
- definire l'obiettivo della riunione.

La riunione è utile quando utilizza tutte le risorse dei partecipanti e non vi sono altri modi per ottenere lo stesso risultato. La determinazione delle tipologie permette di valutare l'utilità o meno della riunione, oltreché i fattori da gestire caratterizzanti il tipo di riunione (vedi gli schemi di queste pagine). Infatti vi sono riunioni di tipo informativo o "rassicurativo", in

TIPO DI RIUNIONE	OBIETTIVI
Informativa	Fornire dati preliminari. Aggiornare situazioni. Esplicitare politiche aziendali. Dare disposizioni. Diffondere conoscenze. Facilitare l'omogeneità del modo di lavorare.
Consultiva	Raccogliere pareri. Valutare aspetti globali. Confrontare competenze specifiche. Elaborare alternative. Preparare decisioni.
Decisionale	Approvare una raccomandazione. Scegliere tra varie proposte. Definire piani d'azione. Stabilire responsabilità. Avviare nuovi progetti.

cui non è "importante" il contributo dei partecipanti; le stesse informazioni potrebbero essere trasmesse direttamente o con comunicati scritti. Si fa la riunione per dare una "parvenza" di coinvolgimento, ma in realtà vengono vissute come manipolative o frustranti.
La definizione dell'obiettivo permette di convocare le persone utili e di far condividere ai partecipanti la direzione dei lavori.

QUATTRO TIPI DI RIUNIONI E RELATIVI FATTORI DA GESTIRE

Fattori da gestire	***Riunioni informative e di analisi***	***Riunioni diagnosi e di decisione***	***Riunioni per la gestione operativa***	***Riunioni creative***
Gli obiettivi	Capire e far capire	Decidere, far fare	Realizzare e consuntivare	Inventare e proporre
Il ruolo del leader	Coordinatore	Autorità	Negoziatore	Animatore
Le regole da darsi	Come trattare le informazioni	Come prendere le decisioni	Come assegnare il lavoro	Come produrre idee e selezionarle
Il comportamento vincente	Essere trasparenti e analitici	Affrontare i conflitti	Essere pragmatici	Essere innovativi
I rapporti con la struttura gerarchica	Interscambio di informazioni	Delega (da ricevere e da dare)	Coinvolgimento nel piano di azione	Protezione (di sé) e provocazione (degli altri)
Il fattore critico	La qualità delle informazioni	La qualità di creare consenso	La qualità delle risorse (interne ed esterne)	Lo sponsor (o il nemico)

La riunione è utile quando utilizza tutte le risorse dei partecipanti e non vi sono altri modi per ottenere lo stesso risultato.

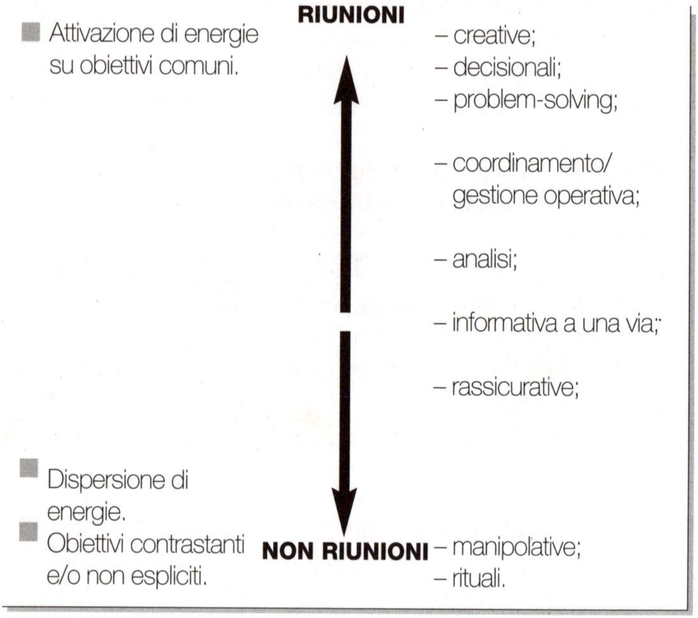

PRIMA, DURANTE E DOPO UNA RIUNIONE

Vediamo ora quali sono gli aspetti da considerare nelle varie fasi di una riunione.

■ **Prima della riunione (progettazione)**:
– *studiare il soggetto;*
– riunire la documentazione;
– consultare le persone interessate al problema;
– *preparare la riunione;*

- scegliere i partecipanti e informarli;
- chiedere loro di riunire i fatti;
- prevedere una scaletta di argomenti della riunione e del suo svolgimento (ordine del giorno, O.d.G.);
- stabilire obiettivo, durata complessiva, priorità;
- *prevedere le questioni materiali;*
- sala, orario, convocazione, mezzi audiovisivi.

■ **Durante la riunione (svolgimento)**:
- assicurarsi che i partecipanti siano a proprio agio e motivarli;
- esporre l'argomento e verificare il consenso sugli obiettivi;
- riunire i fatti conosciuti dai partecipanti;
- ripartire tra i vari argomenti il tempo a disposizione;
- nominare un "segretario" per far rispettare i tempi e far preparare il verbale;
- concludere, dividere le responsabilità, fissare dei termini di esecuzione.

■ **Dopo la riunione (verifica)**:
- stabilire il rendiconto della riunione e nel verbale i risultati della riunione (chi fa cosa, quando, con quali risorse, scadenza per altri incontri);
- controllare l'esecuzione;
- informare i partecipanti dei risultati raggiunti.

LA PROGETTAZIONE DELLA RIUNIONE

È provato che la gestione del tempo è un aspetto fondamentale per la riuscita della riunione. Questo aspetto dobbiamo considerarlo già nella progettazione; l'organizzatore della riunione deve pensare che la preparatoria (**prima**) è più complessa che il **durante** (lo svolgimento). La progettazione deve avere una configurazione progettuale in termini di tempo impiegato "a imbuto". Inoltre nella progettazione è necessario considerare il principio di Pareto: l'80% dei risultati scaturisce dal 20% del tempo impiegato. Pertanto non si dovrà mettere molta carne al fuoco (argomenti) e gli obiettivi dovranno essere chiari e limitati.

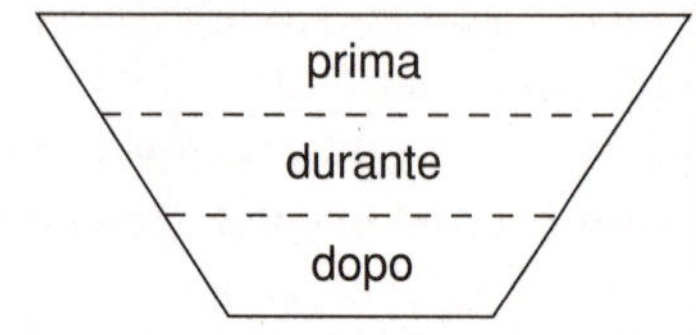

IL PRINCIPIO DI PARETO

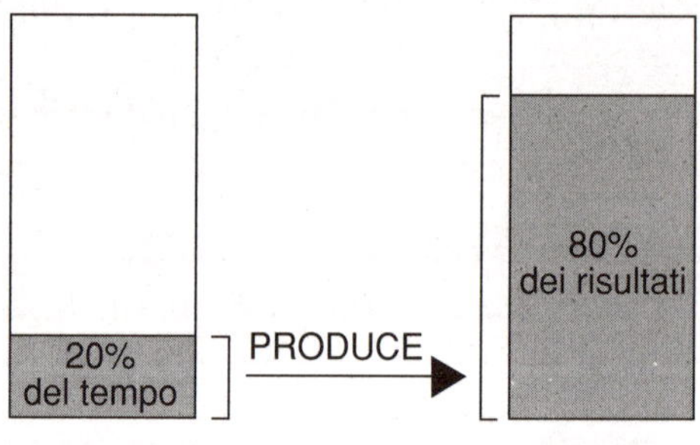

In breve, vi sono due regole da considerare:

- dedicare più tempo alla progettazione della riunione che al suo sviluppo;
- considerare che meno del 50% del *durante* è effettivamente utile per i risultati e questo valore tanto più diminuisce quanto più la riunione è di tipo decisionale/creativo, cioè è ad alto coinvolgimento dei partecipanti.

ASPETTI PSICOLOGICI DEL RUOLO DEL RESPONSABILE

È necessario seguire le fasi indicate a pag. 54 e 55 per animare una riunione.
Per ottenere l'efficacia massima, bisogna **far partecipare** tutti i membri del gruppo: e con ciò non intendiamo solo ottenere la loro collaborazione, ma fare in modo che il problema studiato diventi il loro problema e che essi si sentano coinvolti nell'azione.
Ognuno si deve sentire responsabile del risultato della riunione, non soltanto l'organizzatore o l'animatore.
Il gruppo, come i membri che lo compongono, ha bisogni di cui l'animatore deve tener conto per risvegliare l'attenzione e far partecipare tutti.

- *Bisogno di sicurezza*: non sentirsi aggrediti personalmente e avere il diritto di esprimere la propria opinione.

- *Bisogno di considerazione*: vedere e tenere conto delle opinioni espresse e sentirsi stimati dagli altri partecipanti e dall'animatore.

- *Bisogno di partecipazione*: partecipare a un lavoro utile e contribuire con la propria pietra all'opera comune, creare.

Questi bisogni, quando sono frustrati, provocano una reazione nei partecipanti, i quali non possono collaborare pienamente, preoccupati come sono di soddisfare i propri bisogni.
Invece di occuparsi dell'argomento, si occupano di se stessi.
È responsabilità dell'animatore sforzarsi di tenere conto dei bisogni di ciascuno e soddisfarli.
L'animatore della riunione soddisfa questi bisogni psicologici

di sicurezza e di partecipazione, rispettando le diverse fasi della riunione esposte nei paragrafi precedenti, adottando sin dagli inizi un atteggiamento che favorisca le comunicazioni all'interno del suo gruppo.

COMPORTAMENTI CHE INFLUENZANO LO SVOLGIMENTO DELLA RIUNIONE

Funzionali	***Disfunzionali***
■ Tenere sempre presenti gli obiettivi, evitando deviazioni. ■ Rispettare le strutture di lavoro prefissate per il funzionamento del gruppo. ■ Promuovere la creatività dando e accettando proposte, idee, opinioni, suggerimenti, critiche costruttive ecc. ■ Fare interventi chiari e sintetici, sollecitando il commento per evitare malintesi. ■ Riassumere, integrare e finalizzare i vari contributi. ■ Cercare le cause di eventuali disfunzioni. ■ Lavorare tutti insieme o in sottogruppi strutturati. ■ Verificare periodicamente i progressi raggiunti.	■ Generalizzare, seguire il "proprio" obiettivo, tendere a "far da soli", utilizzando soltanto le proprie risorse. ■ Evadere le regole prefissate, lavorare senza metodo. ■ Isolarsi, "assentarsi", fare lo "spettatore". ■ Fare interventi prolissi, ambigui. ■ Disperdere i contributi, il tempo, le energie. ■ Cercare il colpevole, il "capro espiatorio". ■ Lavorare in "gruppetti", cercando alleanze.

COMPORTAMENTI CHE INFLUENZANO IL CLIMA SOCIALE DELLA RIUNIONE

Funzionali	***Disfunzionali***
■ Favorire la partecipazione di tutti, incoraggiando ciascuno a fornire contributi. ■ Ascoltare attentamente gli altri. ■ Facilitare l'espressione di sentimenti, sdrammatizzare, far sì che tutti si sentano a proprio agio. ■ Far emergere eventuali conflitti e gestirli in modo costruttivo.	■ Cercare attenzione, aggredire, alzare la voce, interrompere gli altri, bloccare il dissenso. ■ Ascoltare solo se stessi. ■ Accentuare/enfatizzare gli elementi di diversità. ■ Disapprovare i valori degli altri, ironizzare, usare atteggiamenti distruttivi, irritanti, vittimistici. ■ Mascherare il disaccordo, metterci "una pietra sopra".

PRIMA DELLA RIUNIONE

■ Definire:
- tipo di riunione;
- obiettivi;
- programma/agenda lavori;
- luogo;
- data;
- orario: inizio; fine;
- partecipanti: ruolo, mandato; numero.

(solo le riunioni informative consentono di raggiungere risultati positivi anche con elevato numero di partecipazioni).

■ Effettuare le convocazioni e accertare la ricezione.
■ Distribuire anticipatamente eventuali materiali/documenti.
■ Preparare sala e supporti visivi, audiovisivi, cartacei.

DURANTE LA RIUNIONE

- Verificare ciò che doveva essere fatto prima.
- Assegnare ruoli necessari (presidente / segretario / conduttore / coordinatore / moderatore ecc.).
- Chiarire criteri di gestione dell'autorità, del potere.
- Definire:
  - schema di lavoro (per esempio giro di tavolo);
  - tempi a disposizione;
  - modalità di comunicazione;
  - metodi per analisi e soluzione problemi (per es. punto di forza e di debolezza delle ipotesi risolutive);
  - procedure decisionali;
  - criteri di valutazione (eventuali).
- Esplicitare le conclusioni raggiunte.
- Predisporre eventuale piano d'azione (responsabilità, attività, tempi).
- Preparare il verbale con l'assenso di tutti i presenti.

BREVE VADEMECUM PER L'ORGANIZZAZIONE DELLA RIUNIONE

- La riunione è realmente necessaria? È necessaria quando più ruoli/persone possiedono risorse critiche (informazioni, competenze, responsabilità) capaci di raggiungere un risultato/ obiettivo organizzativo.

  È inutile se si possono usare "strumenti" manageriali più agili o meno onerosi (delega, newsletters, memos, teleconferenza, telefono, accesso al sistema informatizzato ecc.).

- È stato definito chiaramente l'obiettivo (specifico) da conseguire? Per esempio "*informare* il dipartimento sui cambiamenti di politica retributiva", "*consultare* i dipartimenti circa i pro e contro del piano di revisione del sistema di ...", "*decidere* circa i criteri di selezione del personale".
  L'obiettivo non va confuso con il contenuto. A parità di contenuto si possono perseguire obiettivi diversi.

- È stato definito la natura o tipo della riunione? È necessario domandarsi chi possiede le risorse necessarie (informazioni, competenze) e chi è/sono responsabili gestionali del problema. È preferibile che la riunione sia di un unico tipo o eventualmente informativa-consultiva oppure consultiva-decisionale.

- È stato definito un O.d.G. con gli argomenti o contenuti (di che cosa si parla) da trattare?
  Insieme a data, luogo e tempi per ogni "item" dell'agenda.

Agenda campione:
item (unità programmatiche) di una riunione decisionale

- Apertura riunione (obiettivi, motivi di partecipazione, tempistica generale, organizzazione della riunione e/o schema di lavoro proposto).

- Problemi da discutere.

- Soluzioni proposte.

- Decisione.

- Sviluppo piano d'azione.

- Assegnazione dei compiti.

- Sistema di follow-up/verifica.

- Sintesi ed eventuali aggiornamenti della riunione.
  È necessario valutare gli item chiave dell'agenda e prevedere uno spazio temporale adeguato al loro sviluppo.

- Sono stati selezionati i partecipanti sulla base del criterio organizzativo di responsabilità e della valutazione delle risorse critiche necessarie per conseguire l'obiettivo (specifico) della riunione?
  È utile visionare la struttura organizzativa e individuare solo i partecipanti necessari. Riunioni con meno di quattro o più di quindici persone dovrebbero essere evitate perché, usualmente, queste ultime sono onerose o caotiche e quelle con pochi partecipanti possono essere gestite con normali colloqui di lavoro.
  È necessario avere dei motivi plausibili per non coinvolgere talune persone che possiedono risorse o capacità critiche.

- Chi ha compiti organizzativi e/o di segreteria deve fare una verifica della logistica e delle attrezzature.
  È utile preparare un report (o verbale) della riunione. Nel report devono essere indicati:

– data, luogo, tempi della riunione;
– nome del conduttore e dei presenti (eccetto che per riunioni con un alto numero di partecipanti);
– le soluzioni approvate o rigettate;
– gli obiettivi o "item" della riunione rimasti scoperti;
– la firma del conduttore quale convalida del report.

MODULO PER L'ORGANIZZAZIONE DELLA RIUNIONE

Argomento	Riunione indetta dal servizio	Data	Ora	Luogo	Pag.
	Obiettivi	Ruoli coinvolti		Partecipanti	

Decisioni prese	Azioni da effettuare	Scadenze	Responsabile

È utile seguire nel report lo stesso ordine dell'agenda ed eventualmente inviarlo ai partecipanti.
Se è necessario un report analitico della riunione è opportuno seguire lo schema di lavoro previsto dalla riunione.

- Due o tre giorni prima della riunione contattare ogni partecipante per assicurarsi che abbia ricevuto l'eventuale documentazione e non abbia dimenticato l'appuntamento.

- È utile preparare una traccia di introduzione alla riunione dove si chiariscono nuovamente obiettivi, durata dei lavori, schema di lavoro, ruoli ecc., tenendo conto dei suggerimenti o commenti ricevuti dai partecipanti durante la preparazione (**il durante**).
  L'introduzione è un "item" tempificato della riunione.

LA NEGOZIAZIONE

NEGOZIARE SIGNIFICA TESSERE UNA TRAMA, NON "TRAMARE"

Quando sorge la necessità di negoziare è perché ci si confronta con punti di vista, convinzioni, priorità lontane dalle nostre. Entrambe le parti hanno obiettivi diversi, a volte contrastanti. Entrambe sono spesso convinte, in buona fede, di avere ragione. Se fosse possibile userebbero la forza delle armi, della prepotenza, della prevaricazione tanto sono sicure che, una volta accettato dalla controparte il loro punto di vista, "tutto si risolverebbe meglio". Il "dittatore" però non fa certo carriera in un mondo manageriale che, al contrario, premia la ricerca paziente del consenso.

- Negoziare è tessere una trama e non certamente "tramare".

- Negoziare è vincere assieme e non "io vinco" e "tu perdi".

- Negoziare è tracciare un cammino comune, adatto ai bisogni di entrambe le parti, rinunciando a guadagnare vantaggi a spese della controparte e alle gratificazioni psicologiche che si ricevono quando si soddisfano i propri desideri di onnipotenza.

- Negoziare è un processo fra due persone o due gruppi di persone e ciò lo rende soggetto a tutti i capricci e a tutte le incoerenze tipiche della natura umana: il bravo negoziatore cerca prima di tutto di capire in profondità l'altra parte. Sa che la negoziazione è principalmente un processo di comunicazione che consente di arrivare a mete condivise pur partendo da posizioni divergenti.

I negoziatori di successo sono flessibili. Cambiano strategia quando ricevono feed-back negativi. Mirano ai risultati senza affezionarsi troppo a tesi precostituite che però sono troppo lontane dal modo di pensare dell'altra parte. Riescono a parlare, muoversi, pensare come il proprio interlocutore, camminare con le sue scarpe senza lamentarsi se sono strette.
Mantengono però il controllo della situazione anche se, a volte, procedono a zig zag come fanno i velisti esperti quando tira vento di bolina.

GLI ATTORI NEGOZIALI
SONO TRA LORO INTERDIPENDENTI

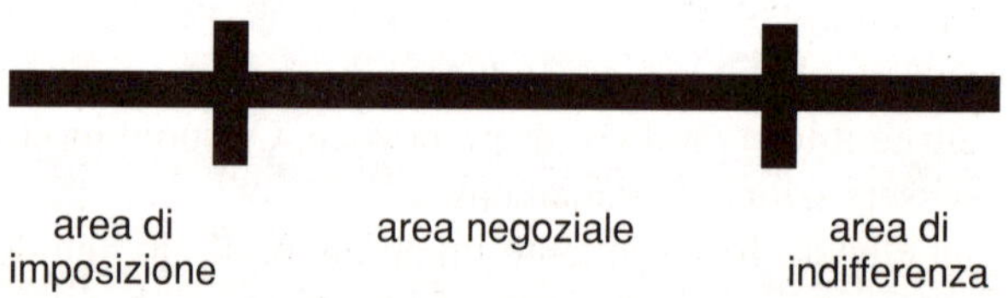

Gli attori negoziali sono tra loro interdipendenti. Ogni attore ha bisogno dell'altro per risolvere un problema, per cogliere una opportunità, per far fronte a una minaccia.
Per rendere sempre più ampia l'area negoziale rispetto all'area dell'imposizione e all'area dell'indifferenza è necessario imparare tecniche precise che a volte possono anche sembrare originali ma che vengono adottate da molti anni dai negoziatori più esperti e insegnate nelle università americane. Tra queste il "rispecchiamento", che si basa sulla conoscenza dell'analogico, cioè della comunicazione non verbale, per raggiungere un rapporto di empatia con la controparte, e l'impiego del "linguaggio di precisione", che permette di capire ciò che la controparte intende veramente dire evitando molti di quei malintesi che bloccano la negoziazione.

RISPECCHIARE PER COMUNICARE

Quando ci si mette in relazione con un'altra persona si può scegliere di concentrarsi sulle differenze o di enfatizzare ciò che si ha in comune. Numerosi studi hanno dimostrato che quando questo succede vi è una tendenza naturale a rispecchiare gli atteggiamenti, il modo di muoversi, di parlare, dell'altro senza accorgersi di farlo. Nella negoziazione è bene imparare a farlo in modo cosciente. Questa operazione si chiama "calibrazione". Il secondo momento riguarda l'utilizzo di quello che avete imparato e cioè il "rispecchiamento".
Calibrare significa osservare la fisiologia (comportamento) degli altri e il loro modo di usare la voce. Ci vuole molto spirito di osservazione e allenamento.
Ecco un elenco, forzosamente incompleto, di ciò che dovete esercitarvi a calibrare e poi rispecchiare.

- La posizione del corpo: eretto, piegato, dondolante.
- Le gambe: unite, accavallate, allargate.
- Le braccia: conserte, ripiegate su se stesse, abbandonate lungo il tronco.
- Le mani: aperte con il palmo rivolto verso l'alto o il basso, intrecciate tra loro, oppure con i pugni chiusi.
- Le dita delle mani (che spesso si muovono in modo istintivo): picchiettano, tamburellano e così via.
- Le spalle: spostate in avanti o indietro, asimmetriche, rilassate, tese.
- La testa: eretta, china in avanti, spostata di lato.
- Le espressioni facciali (con particolare attenzione a eventuali "tic" ripetitivi), i movimenti della bocca, delle mascelle, degli occhi.
- Il colore del viso: arrossamenti o pallori improvvisi segnalano ancor prima delle parole emozioni e sentimenti.
- La respirazione: toracica, media, bassa. Osservate anche il ritmo del respiro, eventuali cambiamenti indicano sempre cambiamenti di stati interni.
- Per quanto riguarda la voce, è importante notare se l'interlocutore parla velocemente o lentamente, se ha un timbro alto o basso, una tonalità squillante o più opaca.

Dopo avere imparato a osservare tutti questi aspetti (ci vuole tempo e pazienza) iniziate a rispecchiare, cioè a riprodurre, la

fisiologia del vostro interlocutore, a usare il suo tipo di voce e la stessa mimica facciale.
Naturalmente lo farete con eleganza e discrezione per non assomigliare a uno sgraziato scimmione. Per esempio, se muove ritmicamente, come se battesse il tempo, un piede, voi potete farlo con la mano. Nei negoziati è importante rispecchiare il ritmo e il tono della voce. Provate a parlare con ritmo veloce e timbro di voce alta a una persona che parla lentamente e con voce bassa. Vedrete che, ben presto, si distrarrà e perderà il filo del discorso. Se, invece, la rispecchiate, non accadrà, creerete un rapporto e faciliterete la comprensione. Nel suo inconscio penserà: "Ehi, è come me, con lui mi sento a mio agio", e una volta che questo accade si crea un forte legame. Provatelo, esercitatevi e vi accorgerete di come i rapporti diventino più facili anche in momenti di aspro conflitto.
Rispecchiare un altro non significa rinunciare alla propria identità ma entrare nel mondo dell'altro per capirlo meglio e non certo per manipolarlo.

LA MAPPA NON È IL TERRITORIO

Vi chiedo quanto spesso vi è capitato di non rispondere alla domanda: "Sa che cosa intendo dire?" pensando che si trattasse di un quesito retorico da non prendere sul serio, quasi un curioso modo di intercalare a cui non dare importanza. Ebbene, quando si tratta di negoziare è utile parlare un linguaggio comune per non perdere tempo in malintesi improduttivi.
Troppi negoziatori non sanno veramente ascoltare, seguono il filo dei loro pensieri, non si pongono il problema di capire e fare domande mirate. Quando vengono fatte delle registrazioni emerge con grande evidenza l'ostinazione dei partecipanti a concentrarsi sul proprio punto di vista ignorando le ragioni degli altri. Il paradosso è che a volte si discute con accanimento su

prese di posizione che a un più attento esame si rivelano simili. Quando parliamo con gli altri effettuiamo inconsciamente un gran numero di sottintesi dando per scontato che il nostro interlocutore abbia la nostra stessa visione del mondo e interpreti i fatti come li interpretiamo noi. In realtà ogni individuo si forma una sua propria visione del mondo attraverso le esperienze personali e soggettive con le quali costruisce una sua mappa che gli serve per orientarsi. Naturalmente, come ben sappiamo, le mappe non sono i territori ma le rappresentazioni degli stessi. Il buon negoziatore deve cercare di conoscere il più possibile la mappa della controparte per proporre le soluzioni più appropriate.
Esistono molti lavori che aiutano a capire come ognuno di noi costruisce la propria mappa soggettiva, come elabora le informazioni che gli arrivano dalla realtà circostante che si presenta diversa per ognuno di noi. Maestro in queste rappresentazioni è stato Luigi Pirandello. Le sue opere vengono regolarmente rappresentate in tutt'Italia. Vi consigliamo di andare a vederle a teatro se avete qualche difficoltà nel capire questi concetti.
I linguisti trasformazionali attraverso le loro ricerche sui linguaggi di tutto il mondo hanno trovato che tutti noi recepiamo e rielaboriamo la realtà attraverso tre filtri universali che, in estrema sintesi, si possono definire filtri della generalizzazione, della cancellazione, della distorsione. Ecco quindi che quelli che a prima vista potevano apparire come comportamenti bizzarri e originali acquistano un senso se sappiamo come la controparte elabora le informazioni che riceve per costruire il suo modello del mondo.

GENERALIZZAZIONI

In pratica, chi tende a generalizzare è una persona che, partendo da un elemento isolato, trae una regola generale. Nelle

negoziazioni è colui che semplifica e considera una perdita di tempo soffermarsi sui particolari. È come un pescatore che usa sempre una rete a maglie larghe.
Chi generalizza tende a usare:

- quantificatori universali come "nessuno, tutti, mai";
- operatori modali di possibilità, cioè "posso" o "non posso";
- operatori modali di necessità, come "devo, bisogna".

Per "costringere" la persona a spiegarsi meglio si possono fare delle domande specifiche: ecco alcuni esempi.

- "Nessuno capisce il mio punto di vista". È chiaro che dietro questa affermazione vi è una grossa generalizzazione: per avere più informazioni e capire il nostro interlocutore sarà necessario chiedere "Proprio nessuno? Non c'è mai stata una volta che qualcuno ha capito ciò che voleva dire? Come fa a sapere che nessuno capisce il suo punto di vista?".

- "Non posso concederle un'altra proroga". Evidentemente il nostro interlocutore si autoimpone dei limiti. È davanti a un vicolo chiuso. Non ha Scelte. Spesso generalizza portando nel contesto di questa particolare negoziazione vincoli che appartengono al passato. Lo si può aiutare facendo domande precise "Cosa/Chi lo impedisce? Che cosa succederebbe se lo facesse?".

CANCELLAZIONI

Colui che interpreta la realtà usando il filtro della cancellazione elimina pezzi dell'esperienza, del suo vissuto. D'altra parte, il nostro sistema nervoso centrale riceve più di due milioni di informazioni al secondo e quindi tutti noi dobbiamo dimenticare parte di ciò che ascoltiamo. Vi sono domande per sapere se sono state eliminate parti utili alla trattativa. Se per esempio l'interlocutore dice "È stata scelta la soluzione migliore" senza specificare qual è il termine di paragone, sarà utile chiedere "Migliore per chi? Rispetto a che cosa?". In questo modo saprete qual è il termine di paragone e potrete fare esempi e riferimenti che combaciano con quelli dell'interlocutore. Oppure se userà verbi non specificati come "Ha osteggiato i miei interventi", per capire come la persona si rappresenta in modo completo il processo che è all'origine di quella azione sarà necessario chiedere "In quale modo ciò è avvenuto?". La risposta a questa domanda vi darà informazioni sul "come" la controparte si rappresenta in modo completo avvenimenti e situazioni espresse con un solo verbo.

DISTORSIONI

Infine, quando distorciamo la realtà, ne sostituiamo o trasformiamo degli aspetti. Di fatto la interpretiamo secondo la nostra mappa del mondo come fanno certi pittori. Un esempio è il celebre olio su tela "Campo Santa Maria del Giglio" di Francesco Guardi (dipinto attorno al 1760) in cui le proporzioni architettoniche alterate danno una visione distorta della piazza. Spesso chi distorce la realtà pensa di poter leggere nella mente della controparte. Dirà per esempio "Lo so bene che non le piaccio". Si dovrà quindi chiedere come fa a saperlo per potere controbattere un'informazione elaborata in modo errato. Oppure potrà usare delle equivalenze complesse che si verificano quando due esperienze vengono interpretate come sinonimi e quindi dirà "Dall'offerta che mi ha fatto ho capito che non mi stima più". Per recuperare un'interpretazione corretta della realtà si possono fare esem-

pi contrari attraverso il cambiamento dell'indice referenziale "Ha mai fatto un'offerta a qualcuno continuando a stimarlo?".
L'utilizzo di questo "linguaggio di precisione" permette di raccogliere informazioni certe, di scoprire qual è il nostro filtro linguistico inconscio e quello della controparte, di rendere chiari tutti quei sottintesi che spesso nella negoziazione rappresentano le informazioni mancanti senza le quali è impossibile raggiungere accordi precisi e duraturi.

LO SCHEMA DELLA NEGOZIAZIONE

PRESENTAZIONE DELLE CONTROPARTI

In questa prima fase utilizzerete la vostra capacità di calibrare e rispecchiare in modo da creare quel buon rapporto che favorisce la comprensione reciproca.
Ricordatevi di quel vecchio detto: "Per essere capiti occorre capire".
Vi accorgerete che se fate un buon rispecchiamento l'altra persona inizierà in modo naturale a ricalcare qualche vostra particolarità. Se, per esempio, avete l'abitudine inconscia di strizzare ogni tanto gli occhi vedrete che farà lo stesso. Questo processo si chiama "leading": voi state iniziando a condurre la controparte a condividere le vostre sensazioni e, se lo fate in modo mirato, potrete farle cambiare il modo in cui si sente. Facciamo un esempio: se calibrando e rispecchiando il vostro interlocutore vi accorgete che respira velocemente, batte nervosamente le dita della mano sul tavolo, ha i muscoli del collo tesi come certi animali pronti per il combattimento, potete condurlo e indurlo a cambiare la propria fisiologia. Iniziate a respirare in modo più calmo e, quando vedete che vi segue, rilassate i muscoli del collo e così via.

Molti giudicano la spontaneità del comportamento il bene più prezioso e sostengono che è disonesto organizzarlo coscientemente. A ben guardare ogni comportamento è comunicazione e influisce sul comportamento dell'altra parte e quindi sul risultato dell'incontro che, nel caso della negoziazione, deve svolgersi in un clima di calma collaborazione e disponibilità.
Per raggiungere risultati soddisfacenti dovete anche sforzarvi di avere una visione positiva. Non fate come quelle persone che selezionano le proprie esperienze per cercare la parte negativa e, in fondo, sono contente quando falliscono perché così dimostrano che avevano ragione. Ricordate che: "Ciò che cercate è ciò che poi trovate".
Nessuno pretende che rinunciate al raggiungimento dei vostri scopi per dar prova di sensibilità e altruismo. Vi si chiede solo di non dimenticare che: la controparte non è un vostro antagonista personale, ha solo delle priorità diverse. Sicuramente nel perseguire i suoi obiettivi ha delle intenzioni positive. Molto spesso si verificano delle incomprensioni perché il modo in cui esprime le proprie esigenze ci può apparire minaccioso. Per una sorta di "spirito di difesa" tendiamo a rispondere colpo su colpo entrando in un circolo vizioso che porta a un confronto sempre più duro.

PRESENTAZIONE DEL TEMA DEL NEGOZIATO

In questa importante fase userete con la massima accuratezza il "linguaggio di precisione" per raccogliere tutte le informazioni relative ai punti di vista e ai bisogni delle due controparti. Un negoziato efficace è un processo di apprendimento il cui obiettivo finale è: aprire inaspettati spazi per trovare nuove soluzioni combinando in un nuovo

modo le diverse energie dirette a soddisfare le aspettative ed esigenze specifiche di entrambe le parti.
In questa fase si devono anche dichiarare gli obiettivi del negoziato.
Attenzione, perché spesso dietro un obiettivo si nasconde un "metaobiettivo", che spesso è l'obiettivo reale e che, se non viene soddisfatto, non permette al negoziato nemmeno di iniziare. Forme di metacomunicazione si verificano tutte le volte che il significato di una dichiarazione non è tanto nelle parole usate ma dietro le parole stesse. Verificate la comprensione usando il linguaggio di precisione fino a quando porterete il vostro interlocutore a dichiarare esplicitamente tutti gli obiettivi che desidera raggiungere. Solo dopo avere ben chiarito questo punto sarà possibile procedere nel definire i punti di convergenza e divergenza che ciascuna parte intende sottolineare.

NEGOZIAZIONE PER POSIZIONI E NEGOZIAZIONE PER PRINCIPI

Negli ultimi vent'anni gli studiosi del comportamento umano e delle strategie aziendali hanno rilevato che i due maggiori modelli di negoziazione usati nel mondo occidentale sono per l'appunto la negoziazione per posizioni, che rappresenta una forma primitiva di negoziazione, e la negoziazione per principi chiamata negli Stati Uniti anche "win-win" (vinco-vinci).

La negoziazione per posizioni è la forma tradizionale della negoziazione che tutti noi abbiamo sperimentato anche al di fuori del mondo del lavoro. I partecipanti hanno un mandato limitato e tendono a stare fermi sulle loro posizioni. Si passa la maggior parte del tempo discutendo sui fatti e sui comportamenti che riguardano le due posizioni divergenti

senza possibilità di aprire nuovi spazi e offrire nuove opportunità. Fin dall'inizio entrambe le parti sanno che debbono concedere qualche cosa ma sono rigorose nel non offrire niente in cambio. Cercano di limitare al massimo le perdite e di concedere poche opportunità di scelta al "nemico".
Vediamo, come esempio, la trattativa per un aumento salariale tra il personale addetto alle vendite di un grande magazzino e il capo del personale. I dipendenti chiedono un aumento del 15%, il capo del personale ha un mandato per trattare fino al 10%. Si accordano su un 7% dopo lunghe e conflittuali discussioni sui numeri. Sono soddisfatti perché i vantaggi acquisiti sono evidentemente a spese della controparte. Nessuno immagina che in realtà il modo più veloce per concludere un accordo sta nel dimostrare che, concedendo quel che si richiede, anche la controparte ottiene ciò che desidera.

La negoziazione per principi rispecchia un modello di negoziazione che viene insegnato a Harvard. È basato sulla collaborazione e sulla consapevolezza dell'esistenza di interessi comuni. È un tipo di negoziazione più rilassata e creativa rispetto alla negoziazione per posizioni e rigidi ruoli precostituiti.
Non vi sono vinti e perdenti ma si introduce il concetto chiave del "vinco-vinci" (win-win) che considera la vita non come un'arena competitiva ma come una realtà collaborativa.
Chi cerca la soluzione "vinco-vinci" dovrà impegnarsi nel seguente processo che si compone di quattro fasi.

1. Vedere il problema dal punto di vista dell'altro. Cercare realmente di capire le motivazioni ad agire e le ragioni dell'altra parte.

2. Identificare le questioni e i problemi chiave spogliandosi, se necessario, degli attributi e status symbol relativi al proprio

ruolo professionale. Un direttore del personale può ritrovare il suo modo di pensare e di essere di quando era un giovane neolaureato appena assunto se la sua controparte sono, per esempio, dei giovani laureati. In questo caso anche i termini linguistici cambiano: si preferisce ciò che aggrega a ciò che separa, le "e... e... e... e..." alle "o... ma... però".

3. Determinare i risultati intermedi e celebrarli in quanto aiutano a raggiungere più velocemente i risultati globali attraverso delle sinergie di consensi. Ogni mattone ben posto serve per costruire una casa. È importante, se si vogliono ottenere concessioni, sostituire, guardando la questione da un punto di vista linguistico, l'espressione "o voi... oppure noi" con "se voi... allora noi... faremo".

4. Identificare, usando tutte le tecniche creative conosciute, nuovi spazi per raggiungere accordi soddisfacenti.

Se tra le vostre conoscenze qualcuno pratica il modello dello stile "vinco-vinci" e anche in situazioni difficili cerca veramente un beneficio reciproco, decidete di osservarlo più attentamente e di imitare quello che fa.
Rifacciamo l'esempio precedente della trattativa tra i dipendenti di un grande magazzino e il capo del personale. Adottando lo stile "vinco-vinci" si parte dal principio che i lavoratori sono parte integrante dell'organizzazione nel suo complesso (senza di loro l'impresa non potrebbe fornire i suoi servizi) e dal canto loro i lavoratori non possono aspirare a migliori salari se l'impresa non ha delle buone performance. Si mette quindi il negoziato all'interno di una grande cornice che è l'aumento della produttività. Questo è il problema chiave. Si decide che, in questo ambito, il risultato più urgente è aumentare la soddisfazione del cliente. Entrambe le parti ne sono coscienti. Si procede facendo una riunione a ruota libera, "brain

storming", in cui ognuno propone diverse soluzioni. Quelle buone vengono subito accettate e giudicate importanti risultati intermedi.
Alla fine, il responsabile del personale concede un aumento salariale e il personale addetto alle vendite si dichiara disponibile a:

- frequentare nel tempo libero corsi di formazione, per meglio capire le esigenze della clientela;
- partecipare in modo attivo alle iniziative promozionali del supermercato accettando anche funzioni non strettamente legate al mansionario come l'organizzazione e la realizzazione di un gruppo di animazione formato dagli assistenti alle vendite in occasione di iniziative speciali tra cui, per esempio, il Natale e la Pasqua;
- offrire la piena collaborazione alla preparazione di "ore di acquisto" riservate ai "cuori solitari" durante le quali il personale di vendita si trasforma in "Cupidi Tentatori" offrendo rose a chi è solo e piccoli regali a chi ritorna in compagnia di nuovi amici;
- provvedere ogni giorno al riordino degli spazi del magazzino per aumentare l'efficienza dell'inventario rendendolo più produttivo.

SUPERARE I PUNTI MORTI

Può essere che non si riesca arrivare con le tecniche finora apprese a una soluzione soddisfacente per entrambe le parti. Ci si trova davanti a dei punti morti, a dei semafori rossi, a delle strade senza uscita. In questi casi si può provare a pensare alla negoziazione come a un processo costituito da tre tappe importanti: "prima-durante-dopo", come evidenziato dalla tabella seguente.

IL PROCESSO DI NEGOZIAZIONE

1. Il processo di negoziazione non è solo il momento del confronto, ma si compone:

- prima = di azioni che progettano il confronto
- durante = di comportamenti di gestione del confronto
- dopo = di analisi delle conseguenze e dei risultati scaturiti dal confronto

2. Imparare a negoziare significa gestire in modo integrato e coerente, rispetto agli obiettivi, i tre momenti, i cui fattori critici sono:

- prima = pianificare
- durante = comunicare/interagire
- dopo = valutare

Se anche riprogettando la negoziazione in questi termini non si riesce a farla partire, ecco alcune tecniche da sperimentare prima di darsi per vinti.

Agire "come se"

Si suppone di avere già raggiunto a livello ipotetico l'accordo su cui il negoziato si è bloccato. Da questa posizione si fa una verifica simulata degli effetti delle concessioni implicate, essendo ben chiaro che si rimane nel campo delle ipotesi e nessuno si impegna a fare nulla. Spesso ci si accorge che il blocco era dovuto a situazioni emotive legate a stress, paure inutili, ansie personali.

Cambiare ambiente

In alcuni casi resistenze inconscie sono legate all'ambiente in cui avviene il negoziato. Quando, per esempio, il negoziato si svolge presso la sede di una delle due parti si può creare una situazione di "padroni di casa" e "ospiti". A volte è sbagliata la "psicogeografia", come quando un "elemento di disturbo" (il classico rompiscatole), che tende a sottolineare i punti di divergenza al posto di quelli di unione, prende l'abitudine di sedersi a capotavola e da lì domina la situazione. Il negoziato si blocca. Cambiare ambiente, posti a sedere, sarà molto più utile di quanto si possa immaginare a mente fredda.

Ristrutturare la struttura della comunicazione

Senza parafrasare Don Chisciotte, che diceva: "La realtà è illusione e solo l'illusione è reale", è noto che cambiando le posizioni percettive si cambia l'interpretazione della realtà. In questi casi è utile allargare lo spazio di soluzione della negoziazione:

- usando metafore, analogie, controesempi;
- cambiando gli indici referenziali;
- analizzando il problema nel suo insieme, prendendo le distanze, come accade quando si vede un paesaggio da un aeroplano, oppure frantumando il problema in piccoli pezzi, quasi si volesse farne uno spezzatino, ed esaminandoli uno alla volta.

Si può ristrutturare il negoziato anche in termini di valori, convinzioni, strategie, comportamenti, azioni.

Vedrete che, cambiando questi parametri, come se voi foste dei giocolieri, muteranno atteggiamenti, comportamenti e, spesso, i blocchi della negoziazione diventeranno leggeri come i palloncini che i bambini fanno volare in aria in una bella giornata di vento.

IL DECISION-MAKING MANAGERIALE

Il decision-making manageriale si può definire come la selezione cosciente d'una linea d'azione tra un certo numero di alternative per conseguire un determinato risultato.

Naturalmente non solo i manager prendono decisioni: a ogni livello dell'organizzazione si prendono decisioni di maggiore o minore complessità o portata.

In azienda le decisioni possono essere *programmate*, quando riguardano situazioni ripetitive per cui vengono stabilite delle procedure (per esempio quelle per l'assunzione dei dipendenti) o *non programmate* quando riguardano situazioni che si presentano con minore frequenza (per esempio la scelta di un nuovo sistema antincendio).

Si stima che la media delle decisioni giuste prese dai manager di primo livello sia attorno al 50%. La maggior parte delle persone ha una estrema abilità nel giustificare il proprio operato anche quando i loro capi non lo chiedono. Tutte le decisioni hanno un margine d'incertezza, altrimenti non sarebbero tali.

Vi sono due modi per decidere:

- seguendo un processo logico-razionale che si compone di vari "step" (tappe) concatenati da cui alla fine emergono soluzioni "corrette";
- seguendo sensazioni e intuizioni in cui si avviano azioni senza analisi, pianificazione o controllo perché l'azione crea informazione e l'informazione riduce l'incertezza.

Il decision-making manageriale rispecchia la seguente configurazione a "step" successivi:

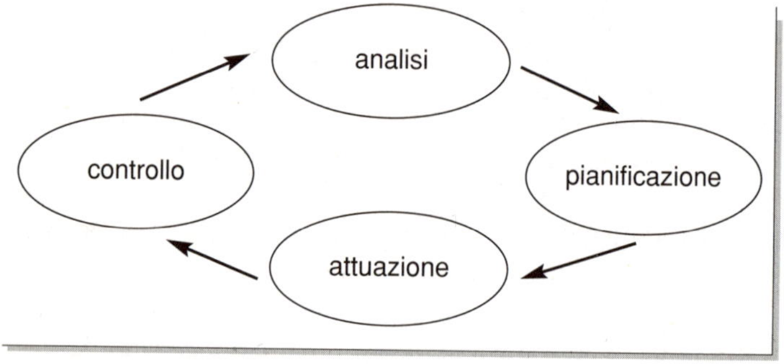

Quando il decision-making si basa sull'intuizione e prevede la sola **attuazione** abbiamo il modello classico del "campare alla giornata"; altre volte i manager agiscono senza **analisi** e **controllo**; in questi casi si stanno affidando alla fortuna; altre volte ancora senza **pianificazione**, allora viene meno l'efficienza dell'azione manageriale e così via.

IL PROCESSO DECISIONALE IN AZIENDA

Il processo decisionale, nei suoi aspetti di analisi del problema e di decisione vera e propria, è alla base di tutte le funzioni manageriali.

Detto in termini generali, decidere significa uscire da una situazione d'incertezza, scegliendo fra le alternative possibili sulla base di un insieme di informazioni.
Si tratta di elaborare un processo logico di trattamento dell'informazione (vedi lo schema qui sotto) che riesce a risalire dai sintomi al reale problema e quindi a una decisione risolutoria del problema.
Oggi si chiede al manager di utilizzare gli strumenti informatici per i problemi di gestione ma si deve ricordare al manager che il computer *non* può prendere le decisioni al suo posto.
Dunque il manager deve prendere coscienza degli errori e dei processi di ragionamento connessi se non vuole ritornare a rifare i medesimi o commetterne di nuovi.
Infatti i manager sovente non riescono ad avere alcuna idea sui motivi di errore limitandosi a prendere atto dei loro effetti.
È dimostrato che, trattando le informazioni con sistemi logici coerenti, aumenta statisticamente la probabilità di successo.

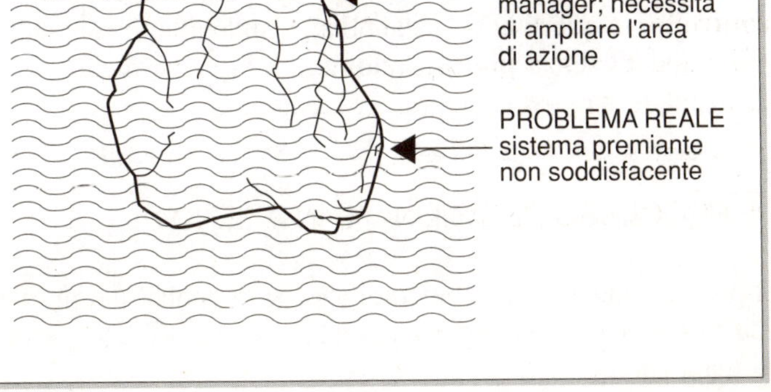

IL PROBLEM-SOLVING E IL DECISION-MAKING

La sequenza d'azione esposta sotto fornisce un sistema per analizzare problemi e prendere decisioni e suggerisce dei modi efficienti per procedere lungo ciascun tracciato.

Analisi del problema	*Analisi della decisione*
TROVARE LA CAUSA →	SCEGLIERE L'AZIONE
Identificare il problema ↓	Stabilire gli obiettivi ↓
Definire il problema ↓	Cercare le alternative ↓
Elaborare le cause possibili ↓	Considerare le alternative ↓
Mettere alla prova le cause ↓	Esaminare le conseguenze ↓
Verificare le cause possibili	Scegliere l'alternativa migliore

Ecco uno schema che esemplifica il processo di decision-making manageriale:

Fasi della soluzione di problemi	*Decision-making*
1. Analizzate il problema secondo i criteri: ■ Come sono le cose. ■ Come voglio che siano.	1. Sono in trasferta a Milano e voglio arrivare alla riunione di lavoro che si tiene a Bologna.

Fasi della soluzione di problemi	*Decision-making*
2. Specificate il vostro obiettivo secondo il cambiamento che volete realizzare, per esempio, A ⟶ B.	2. Già definito al punto 1.
3. Specificate i corsi alternativi di azione possibili per raggiungere l'obiettivo.	3. I mezzi possibili sono: – auto; – treno; – taxi; – aeroplano; – bus; – chiedendo un passaggio.
4. Specificate i criteri, cioè quali caratteristiche deve avere un'azione per conseguire l'obiettivo.	4. Le mie esigenze sono: – essere a Bologna entro le 9.30 del mattino e non voglio passarci la notte (né prima, né dopo); – non deve costarmi più di Lit. 100.000; – avere almeno 1 ora per leggere i documenti della riunione.
5. Scegliete l'alternativa che soddisfa meglio tali criteri.	5. Solo il treno garantisce tutti i criteri.
6. Realizzate tale alternativa.	6. Prendo il treno.
7. Controllate se avete raggiunto il vostro obiettivo e, in caso contrario, ritornate al punto 1.	7. Sei arrivato alla riunione in tempo e come volevi?

IL PROCESSO DECISIONALE

C'è bisogno di un approccio logico e sistematico per resistere alla tentazione di agire impulsivamente di fronte alle situazioni o di basarsi esclusivamente sull'esperienza precedente.
È importante *la messa a fuoco degli obiettivi prima di esaminare le alternative*. ciò che si vuole ottenere, i risultati futuri e le risorse da impiegare o conservare.
Gli obiettivi hanno inoltre valori diversi: alcuni sono indispensabili e vanno raggiunti comunque; altri sono desiderabili: pur *volendoli*, si può sempre cercare un compromesso.
Una carenza assai comune è quella di limitarsi a esaminare le alternative che si presentano subito alla mente invece di sviluppare liberamente tutte quelle possibili.

L'ANALISI DELLA DECISIONE

1. Evidenziare lo scopo della decisione.
2. Definire gli obiettivi che si vogliono raggiungere.
3. Classificare gli obiettivi secondo la loro importanza: primari e secondari, imperativi e desiderabili.
4. Dare un peso preferenziale agli obiettivi secondari o desiderabili.
5. Cercare le alternative.
6. Confrontare le alternative prima con gli obiettivi primari e poi con gli obiettivi secondari, prima con gli imperativi e poi con i desideri.
7. Scegliere provvisoriamente quella che appare come la migliore alternativa.
8. Valutare le conseguenze negative dell'alternativa provvisoriamente scelta.
9. Effettuare la scelta dell'azione migliore.

ENUNCIATO (SCOPO) DELLA DECISIONE

Nell'enunciato della decisione deve essere indicato chiaramente lo scopo che si vuole perseguire, con parole semplici e positive.
L'enunciato deve comprendere un'azione e un risultato finale: per esempio, con la frase "acquisto un PC per lavorare a casa" è evidenziata un'azione (acquisto il PC) che è strumentale allo scopo (che ha anche altre modalità di risoluzione) di lavorare a casa.
È opportuno evitare enunciati di carattere negativo (per esempio: il minimo danno, per evitare che ecc.) e quelli che contengono più di una decisione.

DEFINIZIONE DEGLI OBIETTIVI

Nell'esempio precedente dell'acquisto di un PC abbiamo visto che lo scopo era di lavorare a casa.
Tale scopo può essere perseguito con l'acquisto del PC, che diviene perciò un obiettivo.
L'obiettivo così indicato deve essere connotato in modo più dettagliato per divenire operativo (per esempio: un PC portatile o meno, che costi poco o tanto ecc.).
Si vede in tal modo che, per una corretta definizione degli obiettivi, occorre chiarire i **risultati** che si vogliono conseguire (per esempio: quali lavori devo svolgere a casa) e le **risorse** di cui si dispone (per esempio: quanto si può spendere ecc.).
Quindi:

obiettivi=F (risultati, risorse)

I risultati emergono dalle domande relative a:

■ Cosa ■ Dove ■ Quando ■ Quanto

vogliamo conseguire.

Le risorse, invece, si collocano in categorie quali personale a disposizione, denaro, tempo, spazio, informazioni e know-how, metodi e procedure, autorizzazioni ecc.
I risultati e le risorse permettono di elencare gli obiettivi che si intendono raggiungere e costituiscono i limiti (parametri) con cui misurare le alternative che si presentano.

CLASSIFICAZIONE DEGLI OBIETTIVI (IMPERATIVI/DESIDERI)

Gli obiettivi imperativi sono quelli che **assolutamente** devono essere raggiunti per soddisfare l'enunciato della decisione.
Un obiettivo imperativo deve comportare un livello misurabile di accettazione, "minimo" e "massimo" (identificabile con espressioni quali "non deve costare più di...") e non generico (del tipo "mantiene la soddisfazione del cliente", "solleva il morale" ecc.).
Sono **desideri** quegli obiettivi che possono non essere raggiunti.
I desideri vengono usati come punti di riferimento per selezionare la migliore alternativa fra quelle che soddisfano gli **imperativi**.
Gli obiettivi desiderabili devono essere suddivisi in categorie di:

- Alta
- Media
- Bassa

desiderabilità

ASSEGNAZIONE DEI COEFFICIENTI DI PONDERAZIONE AGLI OBIETTIVI DESIDERABILI

È essenziale identificare il desiderio più importante e stabilire l'importanza relativa degli altri rispetto al primo.
Per i criteri di valutazione possono essere utilizzate delle scale numeriche (da 10 a 1 o da 5 a 1).

CREAZIONE DI ALTERNATIVE

L'insieme degli obiettivi **imperativi** e **desiderabili** costituisce una serie di specificazioni che permette di compilare un quadro di differenti modalità di azioni fra cui scegliere.
Tali modalità possono determinare le direzioni delle varie alternative di decisione possibili, secondo i procedimenti della immaginazione creativa che è richiesta in ogni processo di problem-solving o decision-making.

CONFRONTO DELLE ALTERNATIVE CON GLI OBIETTIVI

Le alternative devono essere confrontate in primo luogo con gli obiettivi imperativi e poi con i desideri.
Il confronto con gli imperativi ha il fine di eliminare tutte le alternative che non rientrano nei limiti di accettabilità posti dagli obiettivi stessi.
Nel caso che nessuna alternativa venga eliminata bisogna riesaminare gli obiettivi in quanto sono o troppo duttili o non appropriati.
Ciò fatto, occorre valutare le informazioni riguardanti tutte le alternative rispetto agli obiettivi desiderabili.
Per questa operazione è conveniente utilizzare una scala numerica che va da 10 a 0, attribuendo il punteggio 10 all'informazione per l'alternativa (o alternative) che meglio risponde agli obiettivi desiderabili in oggetto (per le altre valutarle da 9 a 0 secondo il caso).
Per valutare le informazioni si consiglia di non tener conto del coefficiente d'importanza relativo all'obiettivo e di attribuire il punteggio 10 all'alternativa che meglio risponde a un desiderio.
Dopo questa operazione si procede a moltiplicare il coeffi-

ciente assegnato agli obiettivi per il voto attribuito all'informazione in ogni alternativa, ottenendo così il "voto ponderato" e, infine, si sommano i voti ponderati in ogni alternativa per giungere al relativo voto totale.

SCELTA PROVVISORIA DI UNA ALTERNATIVA

Questo passo è necessario al fine di determinare quali alternative soddisfano maggiormente gli obiettivi desiderabili, per riuscire così a passare poi alla valutazione delle conseguenze sfavorevoli che possono derivare dalla loro attuazione.
In questo senso occorre scegliere le alternative che hanno ottenuto il miglior punteggio totale.
Pur essendo il problem-solving un processo di raccolta e di elaborazione d'informazioni si possono correre alcuni pericoli:

- Il **confondere i fatti con le opinioni** (che sono invece considerazioni su fatti).

- Il **tralasciare i fatti "scomodi"** (quelli che mi disconfermano un'opinione, quelli che immagino mi creeranno delle difficoltà ecc.).

- Il **ricercare informazioni "impossibili"** (per amor di completezza ricerco informazioni a costi di ricerca più elevati dei benefici di informazione che otterrò).

Il processo d'analisi del problema secondo Kepner-Tregoe comprende un complesso di azioni che portano a individuare la causa che meglio spiega l'esistenza di un problema.

IL METODO KEPNER-TREGOE DI PROBLEM-SOLVING

Nell'analisi del problema non bisogna confondere aspetti quali:

- **Obiettivi:** risultati voluti in relazione alle risorse che si è disposti a impiegare.
- **Sintomo:** fatti che indicano l'esistenza di un problema (anche se non rappresentano ancora una devianza per l'obiettivo in gioco).
- **Cause:** ciò che può aver provocato la devianza.
- **Effetti futuri:** ciò che potrà capitare in futuro se la devianza non viene gestita (problemi futuri).
- **Soluzione:** individuazione delle cause della devianza e/o individuazione delle azioni per eliminare la devianza.

ANALISI DEL PROBLEMA

Un problema è una **deviazione dalla norma** che ha una **causa sconosciuta**.
Per deviazione dalla norma si intendono fatti, accadimenti ecc. non attesi.
Tale deviazione, che si registra nel **presente**, è stata provocata nel **passato** da una causa **sconosciuta**, la quale è sempre collegata a uno o più cambiamenti avvenuti nelle variabili che compongono la realtà (situazione) considerata.
Se, per esempio, voglio utilizzare per quest'anno un unico programma di software e non riesco a utilizzarlo per il tempo previsto, ho definito una devianza.

1. Enunciato della deviazione (problema). L'analisi ha inizio con la definizione dell'enunciato che indica la deviazione avvenuta.
L'enunciato della deviazione deve essere **breve**, indicando solo l'oggetto o la persona, il processo o il reparto coinvolti e la **natura** della deviazione o difetto.
Con questo passo si tenta di verificare l'effettiva esistenza della deviazione, di delimitare la ricerca delle informazioni per riscontrare, successivamente, la pertinenza e utilità dei dati inseriti nella specifica.

2. Specificazione del problema. Mediante la specifica si tende a mettere in evidenza i contrasti esistenti fra gli aspetti che sono propri del problema ("È") e quelli che non lo sono ("NON È"), evidenziando le particolarità relative al problema.
La specificazione adeguata di un problema è la sua descrizione, sia per l'oggetto sia per il difetto, in termini di:

– cosa: identificazione;
– dove: luogo in cui si produce o si è prodotto il fenomeno;
– quando: tempo (in cui è avvenuto il fenomeno);
– quanto: entità, portata.

3. Le particolarità. Una volta evidenziati gli aspetti che sono propri dell'"È" e del "NON È", si passa a ricercare tutto ciò che distingue l'"È" dal "NON È", analizzando i punti dove i contrasti sono **"assoluti"**, **"tangibili"** e **"precisi"**.
Le particolarità così ottenute sono **nuove informazioni** che incanalano la ricerca della **causa**.
Esse devono essere vere solo per l'"È".

4. Cambiamenti. Identificate le particolarità che contraddistinguono l'"È" del problema, si procede a verificare se per causa loro sono avvenuti dei cambiamenti.

Il cambiamento **cruciale** non può trovarsi che in una delle particolarità evidenziate. Infatti la causa è legata ai cambiamenti.

5. Ipotesi di cause possibili. Ogni cambiamento è potenzialmente all'origine della causa della deviazione.
Nell'ambito dei cambiamenti devono essere indicate, quindi, come possibili, le cause che appaiono essere alla base della deviazione.
In termini pratici per ciascun cambiamento occorre stabilire un'ipotesi di causa e poi evidenziare con precisione in che modo il cambiamento può aver causato la deviazione.

6. Test di causa più probabile. Il test consiste nell'analisi delle cause possibili per trovare la più probabile.
Si tratta di un'opera di eliminazione, per fare la quale occorre limitare al massimo il numero delle ipotesi pur verificandole tutte.
Una causa possibile per divenire la più probabile deve spiegare sia i dati dell'"È" che quelli del "NON È", in ogni parte della specifica.
Metodologicamente ogni causa possibile deve essere confrontata in modo distruttivo (cioè con l'obiettivo di eliminarla se non lo spiega) con ogni dato della specifica.

7. Test di realtà. La vera causa deve essere correlata con qualche particolarità distintiva dell'"È", altrimenti il problema si sarebbe verificato anche nel "NON È".
È questo il motivo per cui la specificazione deve essere così dettagliata.
La verifica è la sola operazione che permette di affermare con assoluta certezza che la causa più probabile individuata è la vera causa del problema.
La verifica è in genere di tipo fisico e deve aver luogo direttamente là dove si è verificato il problema. Ecco una esemplificazione del metodo.

Una cooperativa di servizi svolge attività di consegna domiciliare di pasti per varie fasce cosiddette "deboli" della popolazione. È un servizio appaltato dal Comune a questa cooperativa. I contenitori divisi per clienti sono distribuiti su 12 percorsi nell'arco di tutta la settimana. Nella convenzione con il Comune è stabilito che è necessario consegnare il pasto caldo entro un'ora dal momento che il contenitore esce dalla cucina della cooperativa. Le assistenti domiciliari del Comune e alcuni clienti incominciarono a lamentarsi di ricevere pasti freddi. Il Responsabile del servizio di distribuzione delle cooperative incominciò a raccogliere informazioni seguendo lo schema K-T (vedi sotto). Dapprima il Responsabile scoprì che le lamentele

ANALISI K-T

COSA È IL PROBLEMA?	COSA NON È IL PROBLEMA?	COSA CARATTERIZZA QUESTO PROBLEMA?
Alcuni pasti serali sono consegnati freddi	Non tutti i pasti sono consegnati freddi	Riguarda i pasti serali principalmente del percorso B, secondariamente dei percorsi A e C
DOVE È IL PROBLEMA	DOVE NON È IL PROBLEMA?	COSA CARATTERIZZA QUESTO PARTICOLARE LUOGO?
Presso i clienti e le assistenti domiciliari	All'uscita della cucina della cooperativa	Si trova a valle del luogo di cottura
QUANDO SI È MANIFESTATO IL PROBLEMA?	QUANDO NON SI È MANIFESTATO?	COSA È CAMBIATO NEL PERIODO IN CUI SI È MANIFESTATO IL PROBLEMA?
Iniziò circa 2 mesi fa, durante il mese di novembre	Prima di 2 mesi fa	Apparentemente nulla (ma invece...vedi l'analisi della situazione)

provenivano principalmente da clienti del percorso B e sui percorsi diversi da B ma limitrofi (A e C). Il Responsabile non trovò di meglio che piazzarsi al fianco dell'operatore del percorso B; le lamentele scomparvero, ma scoprì che il giovane operatore si era iscritto all'Università dai primi di novembre e che voleva frequentare i corsi. Successivamente seguì gli operatori dei percorsi A e C; qui scoprì che costoro avevano inventato dei percorsi nuovi che includevano parte del percorso B serale. Gli operatori A e C erano amici dell'operatore B che alla sera voleva frequentare l'Università. In pratica molti dei pasti di B e alcuni di A e C venivano consegnati dopo l'ora standard di riferimento nella convenzione con il Comune. Il problema fu chiarito!

ANALISI K-T

A CHI O A CHE COSA È RIFERITO IL PROBLEMA?	A CHI O A CHE COSA NON È RIFERITO IL PROBLEMA?	COSA È DIVERSO NELLA PERSONA O NELL'OGGETTO CHE HA IL PROBLEMA?
Solo a pochi pasti sul percorso B da parte dei clienti e delle assistenti domiciliari	Non a pochi pasti distribuiti su tutti i percorsi e neppure a tutti i pasti di un percorso	È sempre il medesimo operatore che distribuisce i pasti
QUANTO SPESSO ACCADE IL PROBLEMA?	QUANTO SPESSO NON ACCADE?	COSA CARATTERIZZA LA FREQUENZA CON CUI SI MANIFESTA?
Tutti i giorni feriali	I giorni prefestivi e festivi	Le lamentele scompaiono al sabato e alla domenica
QUANTO È GRANDE IL PROBLEMA?	QUANTO NON È GRANDE IL PROBLEMA?	COSA CARATTERIZZA LA DIMENSIONE O LA CRESCITA DEL PROBLEMA?
È circoscritto alla sera, principalmente sul percorso B e rimane costante nel tempo	Non interessa 9 dei 12 percorsi e non è grave sui percorsi A e C	È relativamente costante sul percorso B, meno costante sui percorsi A e C

UN ALTRO METODO PER CERCARE LE CAUSE

È un metodo utilizzato nel problem-solving e nei processi manageriali della cosiddetta **total quality**.
È un processo logico analogo a quello di Kepner-Tregoe.
I passaggi sono i seguenti:

- identificazione del problema o dell'effetto;
- ricerca di tutte le cause possibili;
- individuazione delle cause più probabili;
- identificazione delle cause più importanti;
- verifica delle cause più rilevanti e successiva ricerca delle soluzioni

Lo schema d'analisi della causa, secondo l'approccio della qualità totale, parte dall'analisi sistemica di un processo lavorativo.

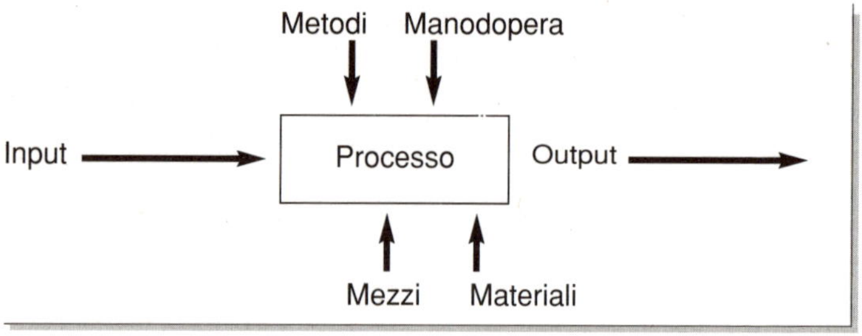

Lo schema d'analisi delle cause, detto diagramma causa-effetto, è basato su alcune categorie di cause che serviranno a sviluppare in modo "ordinato" l'analisi.
Dopo avere ben precisato (enunciato) il problema/effetto su cui indagare ed elencato tutte le cause possibili, le cause devono essere classificate.
Le cause possibili possono essere individuate ponendo le seguenti domande:

- quali sono le conseguenze;

- cosa è, cosa non è;
- quando è accaduto;
- perché è accaduto;
- come;
- che portata ha.

CLASSIFICARE E CERCARE LE CAUSE

Cassificare e cercare sono operazioni mentali diverse. Le tappe per classificare sono:

1. Individuare le principali tipologie di cause (manodopera, metodi, macchine, materiali ecc., vedi schema a pag. 98) allargando i tipi di famiglie in funzione del problema.

2. Fare un diagramma causa-effetto segnando una famiglia di cause su ogni ramo. Tutte le cause convergono verso un effetto che costituisce il problema da risolvere (vedi esempi a pag. 98 e 99).

3. Riprendere l'elenco e porre tutte le cause di ciascuna famiglia su piccoli rami.

4. Se si scoprono nell'elenco cause che dipendono da altre, disegnare tutte le ramificazioni.

Le tappe per cercare sono:

1. Identificare le cause più probabili (i punti contraddistinti con il numero 1 e 2 nell'esempio di pag. 99 in alto).

2. Identificare le cause più importanti.

3. Verificare le cause più importanti.

TIPOLOGIE DI CAUSE

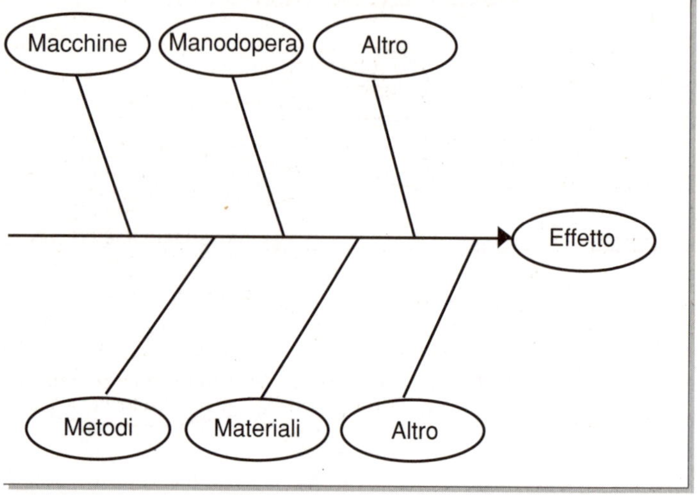

DIAGRAMMA CAUSA - EFFETTO: PIATTI FREDDI AL TAVOLO

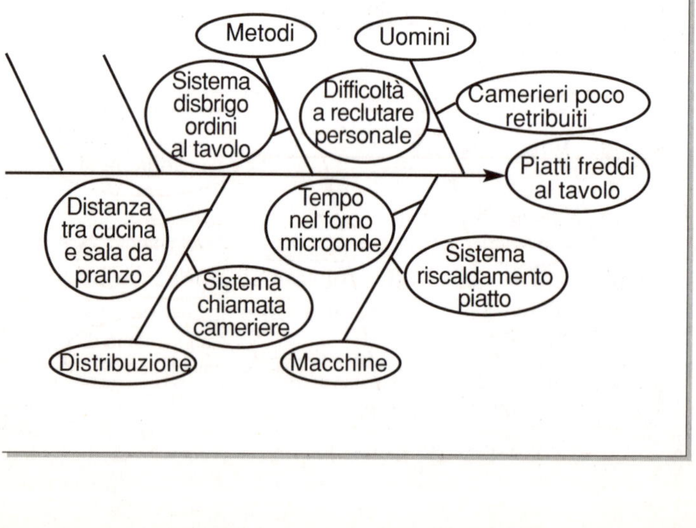

**DIAGRAMMA CAUSA - EFFETTO:
MESSAGGI TELEFONICI NON RICEVUTI**

DIAGRAMMA CAUSA - EFFETTO: RECUPERARE I CLIENTI PERSI

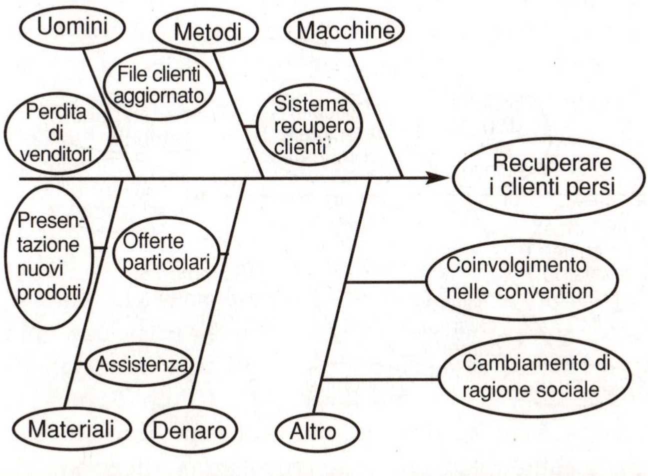

LA DELEGA E IL CONTROLLO

SAPER DELEGARE

Saper delegare, facile a dirsi ma difficile a farsi. Capacità istintiva per pochi manager. Abilità che si acquisisce con costanza e determinazione. Alla maggior parte dei manager piace infatti prendere decisioni, mentre con la delega si cede ad altri il proprio potere decisionale. Delegare è però indispensabile: solo così il manager avrà tempo per dedicarsi alla sua missione reale che è quella di delineare strategie e indicare le vie da seguire per raggiungere obiettivi sempre più ampi e importanti.

"Il vero manager di successo è colui che sa come far fare le cose agli altri", recitano i sacri testi di direzione aziendale.

In realtà la sola parola "delega" scatena anche nei manager più moderni e democratici paure, ansie, conflitti interiori difficilmente spiegabili da un punto di vista logico. Proprio perché si tratta di fenomeni legati all'inconscio abbiamo deciso di dare a questo capitolo una struttura particolare privilegiando gli esempi, gli stati d'animo, le emozioni. È, infatti, soprattutto, attraverso questi canali che farete vostro il processo della delega.

Esordire è un po' soffrire

Quando il ragionier Nencioni, responsabile della pubblicità di un'azienda farmaceutica, ricevette l'incarico di lanciare un nuovo farmaco – costato centinaia di miliardi in ricerca – pensò che era arrivato il momento di verificare le capacità di un suo giovane collaboratore, il dottor Paolo Villa, brillante bocconiano esperto in marketing farmaceutico. Era la prima volta che Nencioni non seguiva personalmente tutte le fasi del lancio di un prodotto così importante. Era preoccupato e inquieto. La notte sognò che Villa, approfittando delle proprie conoscenze specialistiche, gli tendeva astuti trabocchetti e gli faceva fare la figura dell'incompetente con il direttore generale. Si svegliò con la bocca amara e decise che appena arrivato in ufficio avrebbe chiamato Villa per comunicargli che aveva cambiato idea. La giustificazione ufficiale sarebbe stata che "impegni sopraggiunti gli toglievano il tempo che aveva previsto per istruirlo sulle sue nuove mansioni". In realtà aveva paura di perdere potere, prestigio, autorità.
Nencioni però si era abituato ad analizzare ogni situazione con il cervello più che con il cuore. Arrivato in ufficio si rese conto di essere in preda a timori inutili, una vera e propria "sindrome di paura" per un esordio difficile. Si obbligò ad avere pensieri positivi. "La delega – disse tra sé e sé – è formazione pratica sul campo ("on the job training") che permette ai collaboratori di crescere professionalmente e ai capi di assumere quelle nuove responsabilità che li conducono verso mete manageriali più complesse".

Prima di chiamare Villa per affidargli i nuovi compiti fece un piccolo schema di questo tipo:

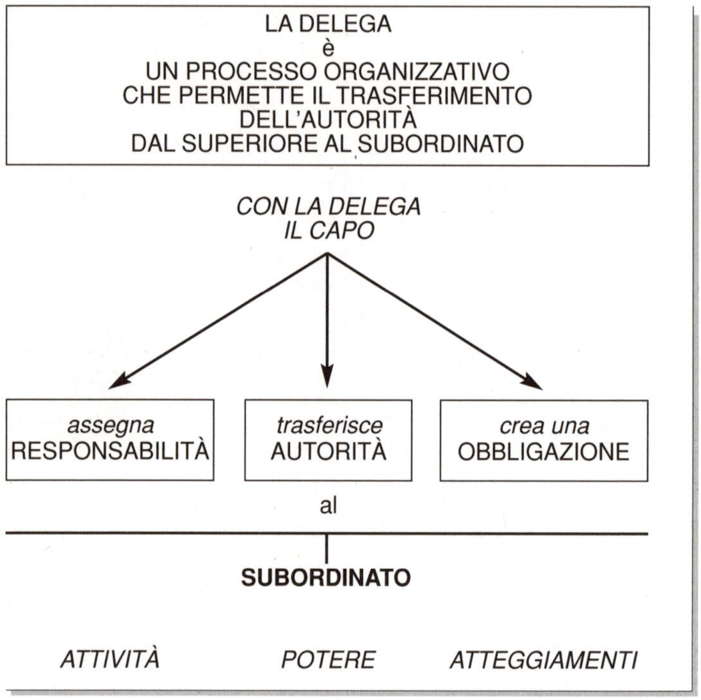

IL PROCESSO DELLA DELEGA

Una volta superata la "sindrome dell'esordio della delega", come fare perché non si trasformi in quel pericoloso boomerang di cui aveva tanto timore il ragionier Nencioni? Prima di tutto è utile chiarire a se stessi qual è il tipo di rapporto ottimale tra "capo" e "collaboratore" all'interno del processo della delega. Una "check list" per verificare le aree di coinvolgimento, influenza positiva, sviluppo, può essere utile.

IL RAPPORTO CAPO – COLLABORATORE

Coinvolgimento

Complicità Fusione Affettività soffocante Ricatto morale Adulazione Seduzione Cerimoniosità Paternalismo Giustificazione Altro	Partecipazione Fiducia Comprensione Solidarietà Consenso Responsabilità Esempio Misurarsi Confronto Altro
Influenza negativa	**Influenza positiva**
Blocco	**Sviluppo**
Imposizione-ingerenza Ispezione-fiscalismo Caccia al colpevole Caccia all'errore Sopraffazione Insistenza Minaccia Sentenza	Disciplina Valutazione Dichiarazione aspettative Dichiarazione obiettivi Incentivi Cercare cause Misurare

Pressione

È necessario quindi analizzare le diverse fasi del processo di delega che vanno dal dare correttamente le istruzioni allo stabilire obiettivi precisi, dal definire i sistemi di controllo a motivare il delegato. Anche qui la mente inconscia gioca un ruolo importante perché la delega è spesso legata all'identità e alle convinzioni profonde di ognuno di noi.

1. Le istruzioni. Gli americani le chiamano "briefing". In pratica sono le mura portanti della delega. Debbono essere chiare e precise. La prima regola è "non dare niente per scontato". Ciò che per voi è un compito semplice, magari lo state facendo da molto tempo, può essere per il vostro collaboratore un osso duro, un'incombenza ingrata e difficile. Non tutti siamo uguali: tenetelo presente quando date il briefing.

2. Gli obiettivi. Definite con precisione gli obiettivi: vendete con entusiasmo il vostro punto di vista. Se i vostri collaboratori "comprano" le vostre idee sarà più facile ottenere risultati.
L'obiettivo, per essere efficace da un punto di vista linguistico, deve essere espresso in termini positivi. Trovate quello che volete, non ciò che non volete. Comunicatelo al vostro collaboratore usando tutti i vostri sensi. Costruite assieme le immagini che, una volta raggiunto lo scopo della delega, vedrete, ascolterete, sentirete a livello di sensazioni e sentimenti. Trovate assieme delle prove, dei test di verifica che dimostrano che l'obiettivo è stato raggiunto in modo armonioso per tutti.
Decidete in quale contesto volete che i vostri obiettivi si realizzino, ricordandovi che vi deve essere pieno rispetto dell'ambiente inteso come luogo in cui si vive e si opera.
Per ultimo (non in ordine di importanza) proiettate l'obiettivo nel futuro e testatelo in diverse situazioni future per evitare di perseguire con tenacia e perseveranza quei falsi obiettivi di cui purtroppo è costellata la vita di molti.

3. Autorizzazioni. Quando date le istruzioni e stabilite gli obiettivi ricordatevi di trasmettere i poteri necessari. In alcuni casi sono indispensabili particolari forme di autorizzazioni; dimenticarle vi può costare caro, come nell'esempio che segue.

Partire è un po' morire

Andrea Corbelli, amministratore unico di una azienda di trasporti internazionali, mentre aspettava l'aereo che lo avrebbe condotto per un lungo viaggio in Giappone, disse alla sua giovane assistente, Flaminia Rosselli, di occuparsi in sua assenza dei rapporti con le banche e, in particolare, di effettuare delle transazioni in dollari, il cui cambio in quello specifico momento era particolarmente favorevole. Arrivato a Tokyo venne raggiunto telefonicamente dalla ragazza che gli comunicò che non aveva potuto portare a termine l'incarico affidatole perché Corbelli si era dimenticato di darle una procura scritta per la banca, indispensabile per operare in modo autonomo.

Delegare in modo informale a volte non serve proprio a niente. Corbelli ha sbagliato, concedendo la delega quasi *en passant* non ha calcolato che la delega efficace va preparata in modo minuzioso prevedendo scrupolosamente ciò di cui il delegato può avere bisogno.

4. Risorse. Pianificate tutte le risorse necessarie per portare a termine i compiti delegati. Con un fiammifero bagnato non è certo possibile accendere un fuoco.
È importante che si sappia che avete delegato parte della vostra autorità al vostro collaboratore. A volte è utile informare direttamente con una telefonata amichevole quei dirigenti che dovrà contattare e che sapete essere prevenuti con coloro che non conoscono bene.
Se sono necessarie abilità per stendere relazioni o rapporti non esitate ad aprire i vostri archivi per mostrare al delegato come fare.
Non stancatevi mai di chiedere che cosa gli può essere utile per lavorare nel modo migliore. Se il delegato si dimo-

stra insicuro e ha paura di non farcela, programmate una serie di successi, come quando si organizzano degli incontri facili per preparare un pugile.
Lasciate libero il delegato di decidere come portare avanti il lavoro ma chiedetegli di spiegarvelo in dettaglio in modo da essere sempre informato sul suo operato.
Importanti aspetti dell'arte della delega sono:

- guidare senza interferire;
- proteggere dai rischi dell'inesperienza senza strafare;
- consigliare senza ridurre la responsabilità.

Se, infine, qualcosa non funziona, abbiate pazienza. Ricordatevi che vi sono comunque infiniti modi per sbagliare e che il vostro collaboratore ne ha appena eliminato uno.

5. Controllo. Delegare non significa abdicare. I controlli non sono certo una sottigliezza burocratica o un modo per esprimere il proprio potere o la propria supremazia. Sono semplicemente un mezzo per ottenere risultati migliori. Devono guidare i manager verso gli obiettivi e mai diventare obiettivi essi stessi.
Da un punto di vista operativo ci si rifarà a quelle politiche e procedure aziendali già sperimentate e consolidate tanto da far parte della "cultura di impresa".

■ Si stabiliranno mansionari precisi, tracce di lavoro scritte al cui interno il delegato dovrà lavorare.

■ Gli si concederà di essere flessibili in condizioni normali. Per allontanarsi di diversi gradi dalla rotta prestabilita dovrà però chiedere autorizzazioni speciali che si cercherà di fornire in tempo reale.

LE FASI DEL PROCESSO DI DELEGA

DEFINIRE con precisione gli OBIETTIVI:
- stabilire i risultati attesi e non le modalità di lavoro;
- essere chiari;
- comunicare, spiegare, discutere.

STABILIRE col delegato i POTERI e le RISORSE a sua disposizione nonché i LIMITI entro cui avrà piena libertà di azione.

Definire chiaramente:
- tempi di consegna;
- autorizzazioni di spesa;
- persone a disposizione;
- possibilità di dare ordini.

DEFINIRE un sistema di CONTROLLO:
- il controllo non si delega MAI;
- controllo non fiscale (si controlla per migliorare i risultati);
- gradualità dei controlli;
- preferire i controlli faccia a faccia.

MOTIVARE il DELEGATO:
- delegare responsabilità;
- delegare attività interessanti;
- inquadrare la delega nel piano di sviluppo della professionalità.

■ Durante lo svolgimento del lavoro affidatogli vi saranno controlli sui tempi di esecuzione e si chiederanno resoconti periodici.

Il buon manager avrà imparato a ottenere risultati tramite la persuasione anziché il comando. Il suo lavoro è simile a quello dell'allenatore in un campo sportivo che incoraggia, aiuta, corregge senza tarpare lo spirito di iniziativa degli atleti. Terminata la delega, vi sarà un controllo a posteriori. Se tutto è andato bene si elogeranno i delegati. Se vi sono stati degli errori si considereranno opportunità per nuovi apprendimenti. Ecco un elenco di domande da farvi in questo caso:

– vi sono stati dei malintesi tra voi e i delegati?
– è stato scelto un delegato non adatto per il compito?
– che cosa c'era all'origine di questo errore di valutazione?
– vi sono stati dei problemi imprevisti?
– che cosa si sarebbe potuto fare per superarli.

NON DELEGATE LA DELEGA

Sembra un luogo comune ma vi sono giovani manager che presi dall'entusiasmo rischiano di delegare la propria delega. Riprendere il timone della propria barca non è facile. Ecco quindi uno schema che mostra i vari gradi di coinvolgimento nel processo della delega.

LE DELEGHE

←→

COINVOLGIMENTO MINIMO			COINVOLGIMENTO MASSIMO
Istruzione operativa	Delega operativa	Delega direzionale	Richiesta di presidiare lo scopo

←→

Cosa fare Come fare Con cosa fare	Cosa fare Con cosa fare Cosa ottenere	Cosa ottenere Perché fare	Perché fare

Si può iniziare con la delega operativa delegando una funzione che si sa fare perfettamente. È come navigare su una rotta nota sicuri che, ben conoscendo i venti e le correnti marine, la barca arriverà in porto anche se il mare si alza.
Chi delega per la prima volta e ha paura di non riuscire a controllare il processo della delega può iniziare delegando qualcosa che sa fare molto bene, quello che in gergo viene chiamato "il lavoro del cuore".

Il lavoro del cuore

Gianni Tosin, direttore generale di una concessionaria di automobili, aveva una mansione che gli piaceva particolarmente e in cui eccelleva: creare campagne stampa per i giornali locali. Si divertiva a impostarle e avendo come hobby segreto il disegno creava anche i bozzetti e trovava rilassante seguire da vicino tutte le diverse fasi della pubblicazione.
Si accorse però che questo lavoro gli sottraeva troppo tempo. Non riusciva più a seguire le strategie commerciali indispensabili per aumentare il fatturato nei termini stabiliti con la Casa Madre.
Era un uomo che si era fatto da solo e non aveva mai avuto occasione di studiare i libri di direzione aziendale. Non conosceva i vari passaggi della delega. Egli imparò facilmente delegando "il lavoro del cuore" a un suo giovane collaboratore che guidò con competenza e maestria nei nuovi compiti. Una volta delegato il "lavoro del cuore" gli fu facile delegare tutta una serie di lavori di routine che fino allora aveva eseguito senza mai chiedersi se fossero adatti alla sua carica di direttore generale.
Prese gusto alla delega constatando che i suoi collaboratori diventavano di giorno in giorno più interessati alle sorti dell'azienda. Cominciò ad avere una visione più globale

della sua attività. La sua professionalità cresceva e diventava più sicuro di se stesso.
Fu veramente contento il giorno in cui, ormai ben seduto sulla sua poltrona di direttore generale, inviò i suoi collaboratori più stretti a una prestigiosa riunione che la Casa Madre aveva organizzato per premiare i concessionari migliori.

Si può delegare tutto fino ad assomigliare a quel personaggio di una famosa vignetta che, seduto al centro di un vasto ufficio completamente vuoto, dice: "A me basta una poltrona. Il resto l'ho delegato". Certamente non si deve raggiungere questo eccesso.
Non sono delegabili, infatti, quelle funzioni di politica e strategia aziendale, di gestione di momenti di crisi particolari, di provvedimenti disciplinari gravi o di elogi del personale che sono propri del ruolo del manager che sa bene che il suo successo dipende dai risultati che sa ottenere individualmente oltre a quelli che raggiunge per mezzo dei suoi collaboratori.

SELEZIONARE I DELEGATI

L'ultimo punto che trattiamo è quello della scelta del delegato o dei delegati. La delega infatti dà i risultati migliori quando si assegna il compito giusto alla persona giusta: altrimenti ci si può scontrare con delusioni e fallimenti.
Ecco alcune domande da porvi prima di procedere.

- Per chi questa delega rappresenta una sfida positiva? Chi potrebbe imparare di più? Chi ha le competenze tecniche e umane necessarie per avere successo?

- Per svolgere il compito delegato è necessario avere esperienze precedenti? Nel caso non siano disponibili, come fare per acquisirle?

- Quali particolari qualità sono necessarie? Fare un elenco e confrontarlo con il profilo dei propri collaboratori.

- Quali altre priorità ha il delegato nel suo lavoro quotidiano? Avrà bisogno di aiuto per svolgere il lavoro di routine nel caso la delega gli assorba troppo tempo?

- Il delegato è pronto ad accettare la delega?

Quest'ultima domanda è molto importante in quanto vi sono dipendenti che per pigrizia o per paura di assumere nuove responsabilità tendono a restituire la delega con stratagemmi vari al loro capo. È un fenomeno che avviene molto più spesso di quanto non si creda. Non è facile gestirlo. Ecco un esempio di successo in questa difficile impresa.
Auguri, e ricordatevi che, come dice un antico detto cinese, "È meglio dare un colpo dritto con un bastone storto che passare la vita a cercare di raddrizzare quel dannato bastone". O no?

Il ping pong della delega

Franca Cornaldi, assistente del responsabile dell'ufficio reclami di un grande magazzino, era diventata esperta nel rimandare la delega al proprio superiore, Mario Croce. Tutti gli stratagemmi erano buoni. L'adulazione era il suo preferito. Per esempio, nonostante fosse suo compito rispondere alle lettere di protesta dei clienti, riusciva sempre a rimandare le più lunghe a Croce con la scusa che "Lui era l'unica persona capace di farsi capire anche dalle persone più complicate".
Croce passava le domeniche a rispondere a queste lettere fino a quando, oberato dal lavoro, decise che era tempo di cambiare.
Un lunedì mattina chiamò la sua assistente e gentilmente le disse: "Mi spiace, sono stato un accentratore, l'ho privata per

molto tempo della possibilità di cimentarsi a rispondere alle lettere dei clienti più difficili. È un lavoro che si impara facendolo attraverso tentativi ed errori. Provi a preparare alcune bozze per domani. Le rivedremo assieme, sicuramente diventerà più brava di me".

La mossa successiva della signorina Cornaldi fu quella di portargli le bozze delle lettere di risposta ai clienti in un voluminoso malloppo sperando che Croce, scoraggiato, esclamasse: "Faccio prima rispondere alle lettere che leggere tutto questo materiale". In questo modo gli avrebbe ancora una volta restituito "la patata bollente".

Croce non si scompose. Chiese alla signorina di leggergli il malloppo e le diede suggerimenti utili per rendere il tutto più sintetico.

Ormai "messa agli angoli" Franca Cornaldi decise di accettare la delega. Il giorno dopo ritornò con il lavoro fatto alla perfezione. Ogni lettera portava la sua firma ben chiara e personalizzata da un modo tutto particolare nello scrivere le iniziali del suo cognome. Il dottor Croce mostrò visibilmente la sua soddisfazione.

A casa raccontò alla moglie che gli era sembrato di cogliere una luce di riconoscenza nello sguardo della sua giovane assistente. "Sicuramente è così – esclamò la moglie – le persone che ricordiamo con maggiore stima e riconoscenza sono quelle che ci aiutano a manifestare quanto di meglio c'è in noi."

CREATIVITÀ E CULTURA AZIENDALE

L'attività del problem-solving non richiede un atteggiamento rigido in chi la esercita, ma rigoroso e aperto nel contempo; richiede un quadro mentale capace di flessibilità e duttilità.
Spesso nelle organizzazioni è necessario produrre idee originali per uscire da situazioni di stallo oppure trovare risposte più efficaci ad alcuni problemi le cui soluzioni sono date dall'esperienza aziendale.
L'azienda può essere considerata come un luogo permanente di risoluzione di problemi a carattere pluridisciplinare (di marketing, di finanza, tecnologici, umani, sociali ecc.), in cui la creatività esclude ogni riferimento alla fantasia sterile o alla fantasticheria priva di agganci concreti con la realtà e i risultati aziendali.
Naturalmente la creatività non può essere ridotta, sia come funzione dell'intelligenza sia come campo applicativo, alla soluzione di problemi; infatti la creatività si sviluppa anche attraverso l'anticipazione di problemi e la ricerca di opportunità e/o alternative.
Quando l'azienda deve capire i punti di forza o di debolezza per il suo futuro (la strategia) o quando è necessario sviluppare nuove idee imprenditoriali, la creatività diventa una "risorsa" necessaria.

CREATIVITÀ E DOPPIO CERVELLO

Il professor Sperry, Nobel per la medicina, ha dato avvio a fruttuose ricerche circa il "doppio cervello" e l'attitudine creativa degli individui.
Egli ha messo in luce l'asimmetria di funzionamento degli emisferi cerebrali.

Emisfero sinistro
– *pratico;*
– *digitale;*
– è reattivo;
– si adatta al cambiamento;
– prevede;
– anticipa;
– si pone obiettivi;
– specifica gli esiti;
– è sistematico;
– centrato sulla realtà;
– possiede uno zoom;
– centra il bersaglio.

Emisfero destro
– *magico;*
– *analogico;*
– immagina il futuro;
– è proattivo;
– causa il cambiamento;
– progetta;
– dà origine;
– crea storie;
– propone situazioni, mondi;
– è inventivo
– centrato sulla possibilità;
– possiede un grandangolo;
– ha una visuale ampia.

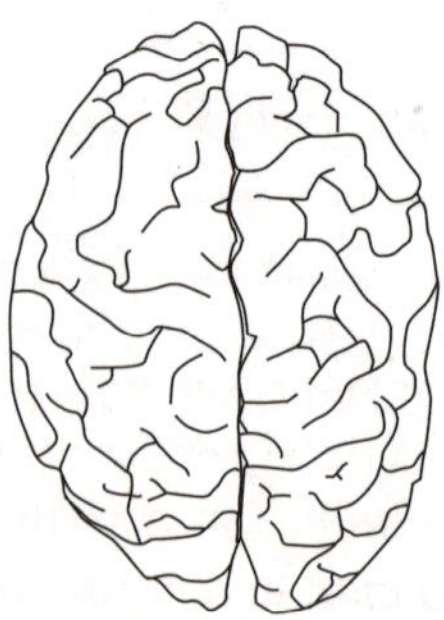

- **Logico**
- **Sequenziale**
- **Verbale**
- **Lineare**
- **Analitico**
- **Digitale**

- **Intuitivo**
- **Visivo**
- **Spaziale**
- **Creativo**
- **Analogico**

Si è scoperto che l'emisfero sinistro governa le funzioni che regolano l'analisi, il ragionamento, la parola, il calcolo ecc.; in pratica, le funzioni razionali.L'emisfero destro, invece, presidia le funzioni di sintesi, l'intuizione, la sensazione, le immagini.L'educazione nelle culture occidentali spinge a sviluppare maggiormente le funzioni dell'emisfero sinistro, bloccando i processi d'immaginazione dell'emisfero destro.
Lo sviluppo della creatività consente di pensare fuori dagli schemi noti e di raggiungere conclusioni nuove adatte a risolvere un problema o a cogliere un'opportunità, attivando appunto quella parte del cervello "generatrice" d'intelligenza "divergente".

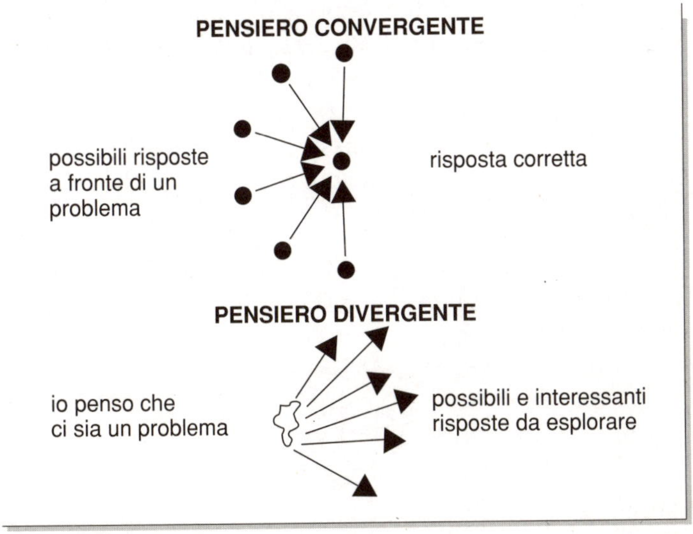

L'intelligenza "divergente" consiste nella capacità di affrontare le situazioni problematiche con originalità (capacità di esprimere idee inedite), fluidità (numero di risposte a una data domanda), flessibilità (varietà di risposte) e capacità di elaborazione (grado di dettaglio, di definizione).

PENSIERO CONVERGENTE E DIVERGENTE

Nella storia dello sviluppo del pensiero sulla creatività vi sono due espressioni da considerare dei sinonimi: il pensiero "laterale" (De Bono) e il pensiero "divergente" (Crooplay).
Il pensiero laterale si contrappone al pensiero verticale (logico), così come il pensiero divergente ha il suo contrario nel pensiero convergente (conformistico).
Il pensiero divergente si sviluppa attraverso un gioco di combinazioni associative tra idee.
Il pensiero divergente, sfruttando la potenza delle libere associazioni, sviluppa il molteplice, il possibile, il diverso.
È un metodo per così dire "esplosivo", in quanto genera una varietà teoricamente infinita di orizzonti da esplorare, di ipotesi che, prima non c'erano, di sentieri da percorrere.
È la vittoria dell'emisfero destro su quello sinistro, dell'incertezza sulla certezza, dell'ignoto sul noto: la convergenza è centrifuga anziché centripeta, moltiplicativa invece che riduttiva, libera e illimitata anziché guidata e vincolata.

Pensiero convergente

- Tende verso il normale e il previsto.
- Tende verso il ricordare ciò che è conosciuto.
- Tende verso l'imparare il predeterminato.
- Tende verso il preservare ciò che c'è.
- Privilegia la certezza.

Pensiero divergente

- Tende verso ciò che è nuovo.
- Tende verso il rivedere ciò che è conosciuto.
- Tende verso lo spiegare l'indeterminato.
- Privilegia il rischio.

L'ANEDDOTO DELL'USURAIO E DELLA FIGLIA DEL MERCANTE

Un grande studioso della creatività, E. De Bono, ha mostrato attraverso un aneddoto la differenza che sussiste tra il pensiero verticale e quello laterale, tra il pensiero convergente e quello divergente. De Bono racconta di un mercante di Londra che si trovò ad avere un grosso debito con un usuraio. L'usuraio, che era vecchio e brutto, si invaghì della bella e giovane figlia del mercante e disse che avrebbe condonato il debito se avesse avuto in cambio la ragazza, lasciando però decidere alla provvidenza.
Disse che avrebbe messo in una borsa vuota due sassolini, uno bianco e uno nero e che poi la fanciulla avrebbe dovuto estrarne uno. Se fosse uscito il sassolino nero, sarebbe diventata sua moglie e il debito di suo padre sarebbe stato condonato. Se la fanciulla invece avesse estratto quello bianco, sarebbe rimasta con suo padre e anche in tal caso il debito sarebbe stato estinto. Ma se si fosse rifiutata di procedere all'estrazione, suo padre sarebbe stato gettato in prigione poiché la legge inglese prevedeva tale pena per gli insolventi. Dopo una lunga riflessione il mercante finì per accettare. In quel momento si trovavano su un vialetto di ghiaia del giardino del mercante e l'usuraio si chinò a raccogliere i due sassolini. La ragazza notò che egli prendeva e metteva nella borsa due sassolini neri. Poi l'usuraio invitò la fanciulla a estrarre il sassolino che doveva decidere la sorte di suo padre. In tale situazione la ragazza, usando il pensiero convergente avrebbe potuto:

a) rifiutarsi di estrarre il sassolino;

b) mostrare che la borsa conteneva due sassolini neri e smascherare l'usuraio imbroglione;

c) estrarre uno dei sassolini neri e sacrificarsi per salvare il padre dalla prigione.

Nessuno di questi consigli, tuttavia, sarebbe stato veramente utile. Come risolse il problema la ragazza? Ebbene: introdusse

la mano nella borsa ed estrasse un sassolino, ma senza neppure guardarlo se lo lasciò sfuggire di mano facendolo cadere sugli altri sassolini del viale, fra i quali si confuse. "Oh, che sbadata!" esclamò. "Ma non vi preoccupate: se guardate nella borsa potrete immediatamente dedurre, dal colore del sassolino rimasto, il colore dell'altro". In tal modo, servendosi del pensiero laterale, la ragazza riuscì a risolvere vantaggiosamente per sé una situazione che sembrava senza scampo.
Anche nei migliori esempi di pensiero laterale, la soluzione, una volta trovata, appare addirittura logicamente ovvia. È molto facile dimenticare che tale soluzione era stata raggiunta non con la logica ma grazie al pensiero laterale. Anzi, una volta che si sarà trovata la soluzione, molti saranno pronti a spiegare come la si sarebbe potuta ottenere col pensiero verticale. In retrospettiva, infatti, diventa facile scorgere il filo consequenziale che, partendo dai dati iniziali di un problema, lo guida fino alla sua soluzione. Il suddetto aneddoto illustra una situazione in cui il pensiero divergente e/o laterale riesce a operare una ristrutturazione del campo, cioè a cambiare lo schema di riferimento (vedi lo schema riportato qui sotto).

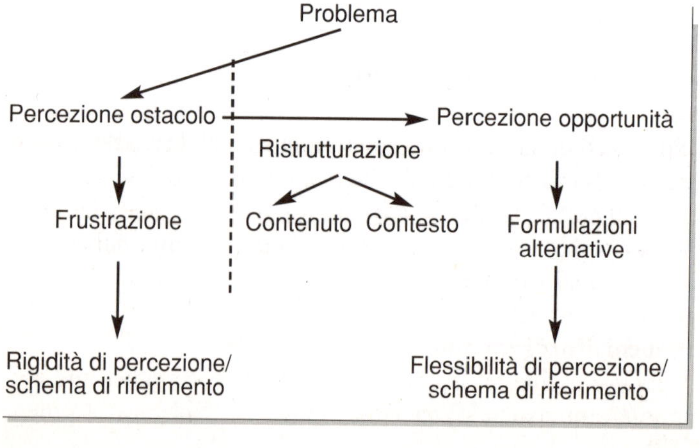

RISTRUTTURAZIONE =
CAPACITÀ DI CAMBIARE SCHEMA DI RIFERIMENTO

Flessibile

- Ha un filtro percettivo molto elastico, quindi:
  - tende a vedere le situazioni da molte angolazioni;
  - tende a valutare situazioni/persone in base a tutti gli elementi a disposizione;
  - tende a dare ai problemi più alternative di soluzione;
  - tende a vedere gli ostacoli come opportunità.

Rigido

- Ha un filtro percettivo molto vincolante, quindi:
  - tende a cogliere un solo aspetto delle situazioni (positivo o negativo);
  - tende a valutare situazioni/persone in modo pregiudiziale coerente col proprio filtro percettivo;
  - tende a dare ai problemi una sola soluzione;
  - tende a vedere gli ostacoli come vincoli.

I BLOCCHI DELLA CREATIVITÀ

Il pensiero divergente può essere inibito o bloccato da processi che riguardano la sfera di vita psicologica e sociale della persona. In pratica tendiamo a fissarci sulle "cose" note, familiari piuttosto che trovare/provare "cose" nuove, non familiari.
Ecco i principali blocchi.

Blocchi d'ordine emotivo:
- il timore di commettere un errore o di passare per una persona strampalata o diversa;

- la paura del rischio di trovarsi in minoranza;
- l'arrestarsi prematuramente sulla prima idea di soluzione che si presenta;
- il timore e la diffidenza di fronte ai superiori, ai colleghi e anche di fronte ai collaboratori;
- la scarsa capacità di distendersi;
- l'eccessiva dipendenza nei confronti dell'opinione altrui;
- il senso del ridicolo.

Blocchi d'ordine culturale:
- il desiderio di conformarsi a modelli sociali (il fantasticare è femminile!);
- la tendenza al "tutto o niente" o alla polarizzazione;
- la fede eccessiva nelle statistiche e nell'esperienza del passato;
- la credenza che il fatto di sognare e d'immaginare sia un comportamento infantile;
- il dare la precedenza a fattori pratici ed economici prima che vi sia spazio per produrre un sufficiente numero di idee;
- credere che il fantasticare sia una perdita di tempo.

Blocchi d'ordine percettivo:
- l'incapacità a porsi domande al di là di ciò che è evidente;
- l'incapacità a distinguere fra causa ed effetto;
- la difficoltà a scomporre un problema in elementi trattabili;
- la difficoltà a distinguere tra fatti e problemi;
- l'incapacità di usare tutti i sensi che ci mettono in contatto con quel che ci circonda;
- la difficoltà a percepire relazioni insolite fra idee e oggetti;
- la convinzione negativa: "Io non sono creativo".

In sostanza questi blocchi della creatività rafforzano la rigidità degli schemi di riferimento. Così la realtà ci appare fatale, non modificabile, non interessante o stimolante; è l'affermazione di bontà dell'esistente, dello status quo, l'accettazione passiva della frustrazione. L'esercitazione qui sotto ci illustra la difficoltà di uscire dagli schemi.

Disegnate quattro linee rette che tocchino i nove punti, senza ripassarci sopra e senza staccare la penna dal foglio (la soluzione è alla pagina seguente).

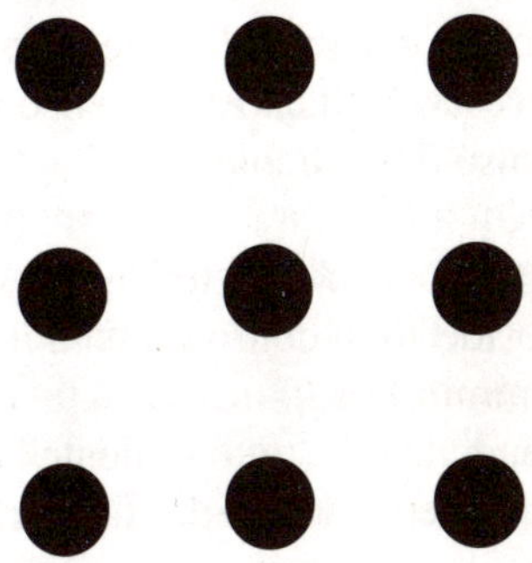

Allora, in sintesi, possiamo dire che i soggetti creativi sono caratterizzati da:

- apertura all'esperienza;
- sicurezza interiore;
- capacità di giocare con i concetti.

Pertanto la persona creativa:

- è priva di rigidità precostituite;
- vive come permeabili le linee di demarcazione che di solito dividono i concetti, le ipotesi e le idee;
- è indipendente dal giudizio altrui, nel senso che è aperta alle informazioni provenienti dall'esterno pur essendo capace di vagliarle;
- sa ricevere informazioni contrastanti senza rinchiudersi in posizioni cristallizzate.

Altri elementi che riguardano la persona creativa sono: fluidità, flessibilità, elaborazione, originalità, curiosità, coraggio (rischio calcolato), immaginazione, senso della sfida.
Ancora, i processi associativi del pensiero divergente sono:

- *contiguità accidentale o casuale degli elementi*, che si scoprono associabili tra loro; il caso crea l'occasione, l'intelligenza la utilizza in modo producente (pare che la scoperta della penicillina sia dovuta a un processo di questo genere);
- *meccanismo di somiglianza*; in questo caso l'associabilità è favorita dal fatto che gli stimoli e le risposte presentano qualche aspetto di somiglianza non evidente a un esame superficiale; l'attività creativa sta nella scoperta della somiglianza e nel congiungimento degli elementi creduti separati;
- *mediazione o processo di costruzione*; consiste nell'associare elementi distanti fra loro attraverso passaggi successivi, favoriti dagli eventi comuni presenti in ciascuno di essi.

Il processo di mediazione, che è tipico dell'intelligenza umana, viene a sfatare l'idea che il processo creativo sia unicamente dovuto ad atti improvvisi, eccezionali, unici, che sgorgano di getto.

LE TECNICHE DELLA CREATIVITÀ

IL BRAINSTORMING

È un tipico esempio di tecnica stimolatrice della creatività che utilizza il gruppo come agente moltiplicatore di nuove idee o soluzioni.

SOLUZIONE TEST DELLA PAGINA PRECEDENTE

Non è, però, uno strumento nuovo secondo il significato usuale che si dà a questo aggettivo; infatti questa tecnica è stata adottata per la prima volta nel 1939 da uno studioso americano, Alex Osborn, che ha svolto anche attività di consulenza industriale. A nostro avviso, nonostante l'età, il brainstorming è sempre attuale se lo si impiega per quello che può dare.
Lo strumento in questione è stato usato da chi scrive per vari motivi, come per esempio:

- la costruzione di questionari di indagine (dato il problema e il campo d'azione, con questa tecnica si sono prodotte le domande specifiche del questionario);
- la ricerca di cause relative a guasti o anomalie di produzione, partendo dagli effetti negativi riscontrati;
- il destinare a nuovi usi semilavorati altrimenti da alienare per obsolescenza dei prodotti a cui erano normalmente adibiti.

Come si può vedere, l'impiego del brainstorming è riservato alla soluzione di problemi concreti.
Volendo meglio definire la questione si può dire che il brainstorming è una forma di riunione di piccolo gruppo che ha per obiettivo la produzione di nuove idee. Il vocabolo significa letteralmente "tempesta di cervelli". In una riunione ben condotta, della durata massima di sessanta minuti, si espongono in media 150/200 nuove idee, un 15% delle quali risultano essere interessanti per originalità, realismo, capacità di portare a soluzioni efficaci di problemi prontamente realizzabili.
Va subito fatto notare che non vi può essere brainstorming su questioni complesse, ma solo su un **problema semplice** non decomponibile in altri problemi. Se il problema è complesso bisognerà scomporlo in parti più semplici, da affrontare separatamente. Compito del gruppo che sarà impegnato in questa particolare riunione sarà quello di produrre **il numero più al-**

to di idee possibili su un particolare problema. Si privilegia la **quantità** più che la qualità. Inoltre il problema deve essere **reale** e **concreto** e soprattutto i suoi termini o quesiti devono essere chiari ai membri del gruppo. Pertanto, alla semplicità del problema, si aggiunge la necessità della **chiarezza** della esposizione al gruppo (da parte del conduttore della riunione), il quale deve disporre di tutti gli elementi di informazione necessari e sufficienti. La "tempesta di cervelli" o "assalto delle idee", però, non è che una fase del processo; che è composto di tre parti.

1. Preliminare: esposizione d'apertura, che presenta il problema; essa viene effettuata dal conduttore e non deve durare più di dieci minuti; al termine della sua presentazione l'animatore riassume il problema in una sola domanda perfettamente chiara.

2. Centrale o creativa: è la fase produttiva del brainstorming vero e proprio; è quella in cui fa la sua comparsa anche il pensiero laterale; durata un'ora come massimo.

3. Finale: spoglio delle idee emesse (preventivamente registrate) da cui usciranno quelle che dovranno essere ritenute. In questo momento fa la sua comparsa il pensiero verticale (logico, razionale), specialmente negli aspetti della critica e della capacità di selezionare e valutare. La selezione delle idee prodotte può durare alcune ore ed è sempre consigliato che questa fase venga effettuata da esperti estranei al gruppo di brainstorming.

La fase centrale ha importanza come le altre due, anche se, sotto l'aspetto creativo, è quella più interessante. Perché questa riesca, però, è necessario che si rispettino alcune condizioni:

- va abolita qualsiasi critica dei partecipanti tra loro, del conduttore verso i partecipanti e anche di ogni membro verso se stesso (autocritica), perché questo porta a inibizione;
- va dato sfogo alla libera immaginazione anche se può produrre idee che sembrano assurde;

- è utile che i membri del gruppo ascoltino le idee altrui dalle quali possono partire per produrre altre idee;
- va data importanza alla quantità più che alla qualità delle idee.

L'accorgimento essenziale in questa fase è che ogni persona si senta sicura di non essere "pizzicata" dagli altri, condizione che, a volte, in azienda è difficile da realizzare. Ma la fiducia negli altri è collegata anche alla sicurezza interiore che proviene da un lavoro attento del conduttore (che non emette giudizi) pronto a intervenire se qualche membro del gruppo non sta ai patti e si mette a commentare o, peggio, a ironizzare sull'operato di qualche collega.
Queste idee che "rimbalzano" da un membro all'altro, quindi, non vanno commentate o giustificate, ma solo emesse, pronunciate. Dopo un certo periodo di cautela iniziale e le inevitabili sfasature dovute alla assunzione di un abito mentale diverso da quello usuale, le idee cominciano a pervenire in modo frequente e di solito sono abbastanza originali e proficue.
Questo fenomeno, che possiamo chiamare di "stura" o di rimozione degli ostacoli, oltre a dar corso a una circolazione fluida e libera, crea fiducia nei partecipanti che eliminano ogni diffidenza proprio perché riescono a raggiungere gli obiettivi prefissati. In questa fase si genera una collaborazione inconscia che ha stranamente la sua molla nella competizione e nella pressione di gruppo. L'abilità del conduttore sta nell'utilizzare questa molla e nel non permettere che la competizione si trasformi in una bagarre.
Al termine di ogni riunione di brainstorming vi è anche molta stanchezza perché le persone si sentono "svuotate" dopo aver dato molto di se stesse, e questa situazione assomiglia molto allo stato in cui si trovano gli studenti do-

po un esame ben riuscito: contentezza, ma anche rilassamento e sintomi di affaticamento.

LA SINETTICA

La sinettica sviluppata da W. Gordon consiste in una metodologia di gruppo fondata su due meccanismi psicologici fondamentali: rendere familiare ciò che è estraneo, per migliorare la comprensione del problema, e rendere estraneo ciò che è familiare, per individuare una soluzione adeguata, considerando il problema da una prospettiva nuova.
La sinettica, o "tecnica di unione di elementi diversi", si basa sull'utilizzazione sistematica delle analogie. Il problema allo studio viene messo in relazione con un'analogia; ci si allontana dal problema reale per seguire linee di sviluppo dell'analogica; si decodifica l'analogia incrociandola con il problema. In sinettica possono essere impiegati i quattro seguenti tipi principali di analogie.

1. **Analogia diretta**. Il problema viene messo in relazione con il mondo vegetale, minerale, animale, elettronico, meccanico ecc. In questo modo si traspone cioè il problema in un campo di fenomeni conosciuti.

2. **Analogia simbolica**. Il problema viene messo in relazione con il mondo delle immagini, dei simboli, dei miti e delle favole.

3. **Analogia fantastica**. Si fa "viaggiare" il gruppo dei partecipanti proponendo loro di immedesimarsi in situazioni di fantasia, per discutere ciò che fanno, vedono e sentono.

4. Analogia personale. Identificazione personale con il problema. I membri del gruppo sono invitati a identificarsi con l'oggetto del problema. Questa identificazione permette di proiettarsi, allentando i propri freni psicologici, sul problema.

L'ANALISI MORFOLOGICA

"Morfologia" significa struttura e, infatti, l'analisi morfologica cerca di esplorare tutte le possibili alternative che una matrice multidimensionale può produrre.
I passaggi di cui si compone l'analisi morfologica sono:

- ridefinizione del problema;
- analisi del problema;
- costruzione della matrice (momento centrale del metodo);
- determinazione della prestazione ideale.

Ammettiamo di dover risolvere il problema di un trasporto ideale per la città. I parametri dai quali dipendono le soluzioni sono quattro: la via, l'uso, la trazione, la proprietà. Ogni parametro può assumere un certo numero di forme che si combinano con quelle degli altri parametri. Le soluzioni possibili risultano 81 = (3x3x3x3).
Nell'esame di ciascuna cella della tabella qui sotto si dovrà inoltre capire se l'idea contenuta soddisfa i criteri di accettabilità in conformità agli obiettivi dell'azienda.

Parametri / *Forma*	*Via*	*Uso*	*Trazione*	*Proprietà*
1	Rotaia	Individuale	Manuale	Pubblica
2	Strada	Collettivo	Meccanica	Privata
3	Aria	Di gruppo	Elettrica	Noleggio

TECNICHE DI CREATIVITÀ

Tecnica	*Campo di applicazione*
Analisi morfologica	Definizione di problemi con vincoli finanziari e tecnologici
Brainstorming vincoli	Sviluppo di idee in situazione libere da
Sinettica	Soluzione di problemi tecnici assai strutturati con molti vincoli
Pensiero laterale	Sviluppo di abilità creative

LE RISORSE DEL CAPO

Le risorse principali di un manager sono: le persone, il denaro, le tecnologie, lo spazio e il tempo. Ma, sicuramente, le risorse più critiche per il raggiungimento dei risultati comprese nella sua discrezionalità sono:

- I collaboratori.
- Il tempo (proprio e dei collaboratori).

Le altre risorse (spazio, risorse finanziarie, tecnologiche ecc.) non sempre rientrano nella sfera di discrezionalità. Insieme alle risorse umane, il tempo è sicuramente la risorsa meno gestita. La risorsa tempo sarà sempre più strategica per gestire la complessità della vita lavorativa e sociale in un contesto ambientale dove, tra l'altro, l'"arrivare prima" è una condizione per avere successo.

LE 20 MAGGIORI CAUSE DI PERDITA DI TEMPO

1. Interruzioni telefoniche.
2. Crisi manageriali, cambiamento delle priorità.
3. Mancanza obiettivi, priorità, piani.
4. Visitatori casuali.
5. Delega inefficace.
6. Troppi lavori.
7. Riunioni.
8. Mancanza organizzazione personale/scrivania zeppa.
9. Incapacità di dire no.
10. Mancanza autodisciplina.
11. Procrastinazione/indecisione.
12. Personale impreparato/inadeguato.
13. Informazioni incomplete/ritardi.
14. Lavoro consuetudinario, burocratico.
15. Lavori lasciati incompiuti.
16. Comunicazioni carenti, confuse.
17. Personale insufficiente o eccessivo.
18. Responsabilità, autorità non ben definite.
19. Socializzazione.
20. Mancanza standard, controlli, progress report.

L'insieme di queste cause denuncia quanto la gestione del tempo è un problema tipicamente manageriale.

Le idee più ricorrenti sulla gestione organizzata del tempo sono:

- Nell'organizzazione ciascuno tende a impiegare, per fare una cosa, tutto il tempo che ha a disposizione.

- Il tempo dedicato ai problemi è spesso inversamente proporzionale alla loro importanza.

- Pianificare e organizzare richiede tempo, ma è l'unico modo di avere più tempo.

- Ogni decisione o azione, al di fuori della variabile tempo, non è più tale; è solo una intenzione!

- Il tempo usato intenzionalmente/consapevolmente genera risultati attesi, voluti, cioè gli obiettivi.

Riuscire a portare l'organizzazione a una diversa gestione del tempo significa operare quasi una rivoluzione culturale ma il cui conseguimento è patrocinatore di effetti di efficienza ed efficacia.
Vi sono delle affermazioni ricorrenti che i manager esprimono per segnalare le difficoltà che hanno nel rapporto con il tempo:

Se dici	***Completa la frase***
• Non ho tempo per fare X	In quanto ritengo più importante fare Y
• Ho perduto del tempo	Nel fare X perché mi sono messo a fare Y
• Avessi più tempo	Ne impiegherei di più a fare (bene o male) ciò che sto già facendo (bene o male)
• Devo imparare a usare il tempo	Cioè devo imparare a capire cosa è più importante per me nel tempo che ho (devo gestire me nel tempo)

Il completamento della frase indica il problema dell'uso adeguato/inadeguato del tempo.

LA GESTIONE INDIVIDUALE DEL TEMPO

La gestione individuale del tempo implica principalmente due cose da fare:

1. Conoscere modalità personali di rapporto con il tempo, cioè punti di forza/debolezza (vedi lo schema "Come uso il tempo" nella pag. a fianco).

2. Pianificare/programmare, cioè gestire per non essere gestiti.

LA PIANIFICAZIONE DEL TEMPO

L'attività di pianificazione può assumere due valenze.

- Chi pianifica per sé:
  - riduce l'insicurezza sul futuro;
  - si può preparare ad affrontarlo;
  - resta meno esposto all'imprevisto.

- Chi pianifica per sé e per altri:
  - assume un ruolo guida;
  - tranquillizza chi non "vede" il tutto;
  - prepara gli eventi.

Naturalmente tutte le attività pianificative dovranno prevedere una certa flessibilità. Se si deve pianificare il giorno che stiamo vivendo, non si dovrà programmare più dell'80% del tempo a disposizione, lasciandone il 20% per le attività impreviste. Se si considera la prossima settimana il rapporto è 60/40%, mentre a livello mensile il tempo pianificabile è pari al 50/50%. Ogni giornata, settimana, mese di lavoro deve es-

COME USO IL TEMPO				
Il mio tempo	➡ gestione per livello di **difficoltà**	faccio prima/subito	➡	ciò che è più facile
		rinvio/faccio dopo	➡	ciò che è più difficile
	➡ gestione per livello di **piacevolezza**	faccio subito/prima	➡	ciò che mi piace di più
		rinvio/faccio dopo	➡	ciò che è più noioso, meno stimolante
	➡ gestione per livello di **risorse**	faccio subito/prima	➡	ciò su cui già esistono tutte le risorse
		rinvio/faccio dopo	➡	ciò su cui mancano le risorse
	➡ gestione per livello del **richiedente**	faccio subito/prima	➡	ciò che mi chiede il più alto in grado
		rinvio/faccio dopo	➡	ciò che mi chiede chi ha meno potere
Quello degli altri	➡ gestione per livello di **potere**	faccio fare subito	➡	ciò che serve a me/al momento
		faccio rinviare	➡	ciò che sta facendo/serve a lui

sere organizzato secondo della priorità e uno schema di ripartizione del tempo programmabile secondo il sistema ABC.
Uno strumento facile per fissare le priorità è la "griglia" in cui, una volta definite le attività o i compiti della giornata (anche della settimana), si stabilisce il grado di importanza e di urgenza.

ANALISI ABC

Ripartizione per valore delle attività		
65%	20%	15%
Attività A	Attività B	Attività C
15%	20%	65%
Impiego % del tempo		

Riportate lo schema di analisi ABC nella vostra agenda e suddividete le attività quotidiane secondo le modalità in esso indicate.
Per la pianificazione giornaliera è opportuno fissare le priorità tenendo conto dello schema ABC.

L'analisi dell'uso del tempo giornaliero ci porta alla gestione efficace (le cose giuste) e a quella efficiente (al momento giusto).
Le attività più importanti per il raggiungimento dei propri obiettivi professionali e personali (definite di tipo A), valutate al 15% dell'insieme delle attività, in termini di tempo, concorrono al raggiungimento degli obiettivi per il 65%. Si cercherà quindi di sviluppare tali attività nei periodi della giornata di maggiore efficienza psicofisica (vedi la curva di efficienza psicofisica qui sotto).
Le attività di media importanza (definite di tipo B) impegnano il 20% del totale del tempo e conseguono il 20% dei risultati.
Le attività meno importanti (definite di tipo C) impegnano il 65% del tempo per conseguire solo il 15% degli obiettivi; di solito sono quelle che possiamo delegare, sopprimere o riorganizzare.

L'USO DEL TEMPO

gestione efficace	*gestione efficiente*
↓ usare il tempo che si ha sulle cose "giuste" ↓ aumentare gestione per importanza ↓ diminuire gestione per urgenza ↓ come pianificare (le cose da fare)	↓ usare il tempo necessario al momento "giusto" ↓ aumentare uso tempo su scelta principale ↓ diminuire interferenze, dispersioni ↓ come organizzare (le risorse)
nel tempo	per usare il tempo

MODALITÀ E STRUMENTI PER L'ORGANIZZAZIONE DEL TEMPO

Definizione dei tempi

■ È necessario:
- stabilire sempre durate stimate e scadenze;
- evitare programmi generici.

Accorpamenti

• Unire le attività compatibili fra loro per risultati, mezzi e risorse (per esempio visite - viaggi - trattazione di argomenti simili in una riunione ecc.):

– si verificano le possibili omogeneità;
– occorre evitare ripetizioni;
– tendere a un uso multiplo di risorse.

Agenda di gruppo

- Aggregare e unificare i tempi di attività comune fra più persone:
  – si devono verificare gli spazi comuni: agende singole fasce orarie;
  – occorre evitare richiesta estemporanea di risorse.

Filtri

- Realizzare barriere alle interferenze estemporanee:
  – si verificano a priori motivazioni per telefonate e visite importanti;
  – si deve evitare che il presente diventi importante per l'uso del tempo.

ESEMPI DI COMPORTAMENTO OPERATIVO PER L'USO DEL TEMPO

- Realizzare filtri:
  – attraverso la segretaria;
  – facendo sapere in quali ore si è disponibili.

- Gestire interruzioni telefoniche:
  – registrare chi telefona e poi fare analisi;
  – fissare un limite di tempo iniziale e rispettarlo;
  – tenere un cronometro di "x" minuti vicino al telefono.

- Essere attenti alla macro e microrganizzazione:
  - accorpare attività simili per processo mentale, per informazioni necessarie;
  - accorpare attività per luogo di lavoro;
  - instaurare il planning di lavoro (coordinamento agende individuali);
  - instaurare sistemi di project management con l'utilizzo di strumenti di programmazione (gantt, pert ecc.).
- Gestire visite inopportune:
  - prendere appuntamenti nell'ufficio di altri;
  - segnalare con il comportamento la non disponibilità a fare salotto (per esempio, quando entra il visitatore alzarsi e rimanere in piedi).

OSTACOLI ALL'IMPIEGO CORRETTO DEL TEMPO

Problema:	imprevisti troppo frequenti
Cause possibili:	ottimismo, mancanza di senso di realtà
Soluzioni:	esaminare i problemi potenziali, pianificare
Problema:	indecisione
Cause possibili:	prudenza, dubbi, mancanza di fiducia in sé
Soluzioni:	preferire i fatti ai sentimenti, valutare i rischi e decidere, andare a fondo di ogni problema
Problema:	lavori esecutivi
Cause possibili:	bisogno di sicurezza, abitudine
Soluzioni:	preoccuparsi dei risultati, delegare, rivedere le funzioni, organizzare meglio, semplificare

Problema:	management per crisi, per continue urgenze
Cause possibili:	stima non realistica del tempo, assenza di pianificazioni, reticenza dei subordinati a render conto
Soluzioni:	minor ottimismo nel budget del tempo, imparare a trattare gli errori senza svalorizzare le persone, mettere in atto degli incontri per procedere ad azioni correttive
Problema:	mancanza di priorità
Cause possibili:	assenza di scopi e di obiettivi
Soluzioni:	prendere nota per iscritto degli obiettivi, discutere le priorità con i collaboratori
Problema:	assenza di planning
Cause possibili:	impazienza di agire, troppo ottimismo
Soluzioni:	preoccuparsi più dei risultati che non dell'azione, prendere nota di tutti i casi in cui l'assenza di pianificazione fa perdere tempo... e concludere
Problema:	sovraccarico di lavoro
Cause possibili:	eccessiva diversificazione dei centri di interesse, voler compiacere, perfezionismo
Soluzioni:	dare la priorità ai più importanti, dire di no, prevedere i criteri di efficacia
Problema:	fretta
Cause possibili:	attività per parare le cose più interessanti, mezzo per rassicurarsi con l'attività, "con il fare"
Soluzioni:	distinguere l'urgente dall'importante, concentrarsi sugli obiettivi

Problema:	contatti troppo pressanti
Cause possibili:	politica della porta aperta, bisogno di riconoscimento, desiderio di compiacere
Soluzioni:	distinguere, trovare delle formule per stoppare un colloquio, dosare, prendere cura di sé stesso, osare, essere fermo
Problema:	delega insufficiente
Cause possibili:	giudizio negativo sui collaboratori
Soluzioni:	concedersi del tempo per analizzare gli errori, addestrare

RIMPROVERARE E LODARE

RIMPROVERARE

Tra i compiti più difficili del manager vi è quello di rimproverare i collaboratori per eventuali errori. Spesso sorgono resistenze, blocchi culturali ed emotivi che rendono difficile la comunicazione. Si proiettano sugli altri complessi di onnipotenza o di inferiorità oppure convinzioni limitanti, equivalenze complesse del tipo "Chi critica diventa antipatico". Il primo passo per superare queste spiacevoli sensazioni consiste nel non negarne l'esistenza: rimuovere non serve a niente e a nessuno.
In questi casi è bene avere delle regole da seguire in modo da adottare comportamenti congruenti in cui non vengono dati doppi messaggi: a parole si dice una cosa e la voce, il tono, l'espressione del viso o del corpo dicono esattamente il contrario.
"I profitti della sua divisione sono inferiori a quanto previsto", "La sua relazione è poco comprensibile", "Non ha terminato un importante lavoro".

Quando un capo dice così a un proprio collaboratore, spesso si limita a contestare gli errori fatti, ad attribuire delle colpe invece che cercare le cause di quanto successo per trovare una soluzione, per passare, come si dice in gergo, da uno "stato problema" a uno "stato desiderato". Mancano obiettivi chiari e, di conseguenza, non si pianificano strategie efficaci. Manca quella tensione creativa che permette di passare dalla situazione reale negativa a un risultato soddisfacente per tutti.
La differenza tra il successo e la sconfitta è la perseveranza. In caso di errori non è certo la perseveranza nel continuare a compierli ma la perseveranza nel superare gli ostacoli.
Nella cultura di alcune aziende si persevera invece nel rimproverare i dipendenti che si abituano a ricevere rimproveri perfino per fatti che sono al di fuori del loro controllo. In questi casi si creano circoli viziosi che autorinforzano la coazione a ripetere gli stessi errori attraverso la passività e l'aggressività, come evidenziato dagli schemi di queste pagine.

IL CIRCOLO VIZIOSO D'AUTORAFFORZAMENTO DELLA PASSIVITÀ

IL CIRCOLO VIZIOSO D'AUTORAFFORZAMENTO DELL'AGGRESSIVITÀ

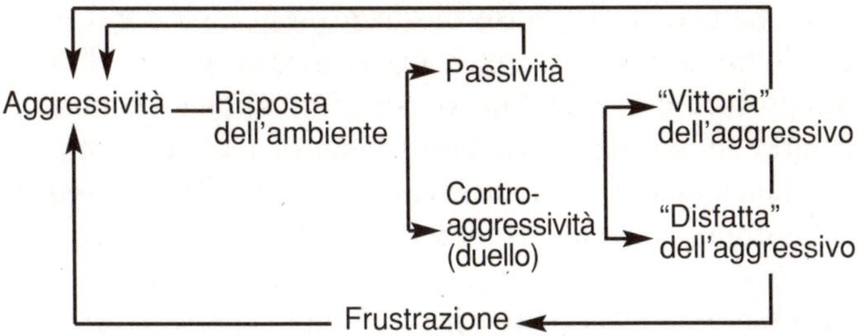

PENSARE PRIMA DI CRITICARE

Quando si viene criticati a torto si verificano:

- reazioni di fuga: mi sento rifiutato, insicuro, scoraggiato, depresso, frustrato, paralizzato, impotente, vinto;
- reazioni di lotta che provocano un atteggiamento negativo verso chi ci ha offeso, a nostro avviso, ingiustamente.

Si concretizzano in sfoghi fisici (picchio i pugni contro il muro) o in somatizzazioni (mi viene un blocco allo stomaco e non riesco più a lavorare).
La critica deve quindi essere motivata e costruttiva.
Ecco alcuni consigli per non camminare come un "elefante in un negozio di cristalli".

- Rispettare l'intenzione positiva. Sono poche le persone che agiscono in modo determinato con cattiva intenzione. Anche se tutto è andato male, nessuno – quasi mai – lo ha fatto volontariamente. Bisogna cercare quella buona intenzione che in certe occasioni si era rivelata positiva ma che, nel caso esaminato, è causa di un comportamento non corretto.

- Trovare i profitti nascosti. In ogni comportamento, anche nel più negativo, vi sono dei profitti nascosti e dei vantaggi secondari che ci impediscono di applicare quelle strategie che ci aiutano a cambiare comportamento. Per individuarli fate domande del tipo, "Che cosa le impedisce di cambiare comportamento ora?" oppure "Facendo finta che lei abbia già cambiato il suo comportamento, quali problemi potrebbero sorgere?". Dopo avere trovato questi elementi aiutate il vostro collaboratore a costruire nuovi comportamenti più adatti alla situazione che sta vivendo.

- Individuare comportamenti legati ad abitudini che appartengono al passato. Per esempio un'azienda orientata a ottimizzare il tempo per portare a termine compiti specifici, come dicono gli americani "task oriented", avrà richieste diverse rispetto a un'azienda orientata soprattutto a mantenere un clima aziendale rilassato e informale, quindi "relationship oriented". In questo caso se un dipendente si trasferisce da una azienda task oriented a una relationship oriented dovrà ristrutturare il suo comportamento con pazienza per abituarlo alla diversa cultura aziendale. Atteggiamenti lodati nella prima azienda possono diventare, infatti, oggetto di critiche nella seconda.

- Rispettare i comportamenti legati all'identità dell'individuo. Cambiare comportamento è un processo lungo, complicato, doloroso e a volte anche impossibile se il modo di agire fa parte dell'identità della persona. Per esempio, un vostro collaboratore ha un grosso difetto: non vuole delegare. Quando si presenta qualche difficoltà, si fa avanti ed esegue lui stesso il lavoro. Se lo rimproverate ribatte che lui da sempre e non solo al lavoro ma anche in famiglia "deve" fare tutto da solo altrimenti non è a posto con la propria coscienza. Probabilmente solo una buona terapia psicoanalitica riuscirebbe a fargli cambiare strategia. In questi casi insistere, rimproverare, punire serve a ben poco. La cosa migliore è trovargli un lavoro dove il difetto diventi una risorsa. Un difficile lavoro di precisione, per esempio, che non deve essere delegato ad altri. Sicuramente i risultati saranno ottimi.

LA STRUTTURA LINGUISTICA

Ricordatevi che a volte ferisce più la parola che la spada. Quando si deve criticare qualcuno è necessario porre una grande attenzione all'uso delle parole e alla struttura linguistica.

Spesso è più importante il modo in cui si dicono le cose piuttosto che ciò che si dice.

Ludwig Wittgenstein affermava che:

"Ogni comunicazione procede su due livelli, il piano del contenuto e il piano della relazione ed è quest'ultimo a definire il primo".

Ciò significa che se il piano della relazione è fortemente disturbato non serve a niente cercare di far giungere con la forza dei contenuti logici i vostri rimproveri (piano del contenuto): è necessario invece come prima mossa intendersi sul piano della relazione. Ottimo è l'uso di un linguaggio analogico aperto e conciliante unito a parole tranquillizzanti. Dite per esempio: "Ho l'impressione di averti offeso e mi spiace" e, mentre parlate, allargate le braccia e avvicinatevi al vostro interlocutore.

I messaggi dell'io (cioè il parlare in prima persona) si addicono a chi vuole criticare in modo distruttivo. Ponete invece al centro del discorso la persona a cui vi rivolgete. Pensate alle vendite. Se dovete vendere qualcosa ottenete di più esponendo i vantaggi che chi compera può trarre dalla vostra offerta piuttosto che insistendo sulle gratificazioni che ottenete nel vendere quel prodotto. Per esempio, invece di dire: "Io sono convinto che lei è capace solo di criticare", potete chiedere: "La prego di dirmi ciò che in questo lavoro non le piace".

Abituatevi anche a distinguere tra la critica alla persona e la critica all'operato di quella persona, in modo che la persona non si senta attaccata a livello personale e possa così imparare dai suoi comportamenti sbagliati.

Durante i preamboli, usate forme linguistiche che esortino a parlare del tipo: "A proposito di questo, mi dica...", "Vorrei saperne di più...", "Il suo punto di vista mi interessa in modo particolare...", "Sembra trattarsi di qualcosa che le sta molto a cuore...". Questo tipo di costruzione linguistica non distoglie il vostro dipendente dai suoi pensieri e, a seconda del caso, gli comunica in forma indiretta: "Ha il diritto di esprimere quello che prova", "Vorrei veramente sapere qual è la sua opinione", "La considero una persona dotata di sentimenti".

Evitate le generalizzazioni: quando rimproverate usate esempi specifici per descrivere il comportamento sbagliato e quello desiderato. Fate richieste chiare e dite che cosa vi aspettate. Quando vi sono conflitti vi è la tendenza – spesso inconsapevole – a falsare, fraintendere quello che chi critica ha detto, pensato, voluto. A nessuno piace essere criticato ed è umano fare distorsioni o cancellazioni per difendere l'immagine positiva che ognuno ha di sé.

Trasformate ogni motivazione negativa in una motivazione positiva. Ricordatevi che "motivare qualcuno significa indurlo a rinunciare a un vecchio modello di comportamento in favore di uno nuovo". Considerate che il comportamento sbagliato del vostro dipendente ha avuto origine da sue personali motivazioni che sono state suscitate da suoi personali bisogni: mettete sotto il riflettore i vantaggi che po-

trà trarre da un suo comportamento corretto in termini aziendali piuttosto che sulle conseguenze negative che ne ricaverà.
Fate attenzione ai modi di dire che impiegate più frequentemente. Siete portati a priori alla motivazione positiva o negativa? Dite spesso: "Se non sarà così, allora ..." che suona come una minaccia oppure preferite una struttura linguistica più positiva del tipo: "Se sono assolte queste o quelle condizioni, allora...". Facciamo un esempio: preferite la forma negativa: "Se non delegate i compiti di routine, non potete venire alla riunione organizzata dal direttore generale" oppure quella positiva: "Se delegate i compiti di routine, dopo potete venire alla riunione organizzata dal direttore generale"?

VINCERE LE RESISTENZE CON IL LINGUAGGIO

Vi sono delle costruzioni linguistiche che contribuiscono a vincere le resistenze. Si tratta delle domande indirette che agiscono a livello inconscio. Si pongono iniziando con predicati come "chiedersi, domandarsi, essere curiosi" e comportano una preposizione predicativa retta dal "se". Per brevità, notate voi stessi la differenza nell'elaborare la risposta a queste due domande, la prima diretta (A) e la seconda indiretta (B).
A) "È pronta la documentazione relativa all'ultima assemblea dei soci?" La risposta immediata viene elaborata attraverso la logica e, se il documento, per esempio, non è pronto, si ha il tempo di trovare una scusa: "Mi dà tanto di quel lavoro che certamente non può pretendere che il documento sia pronto".
B) "Mi domando se è pronta la documentazione relativa all'ultima assemblea dei soci!" Di solito vi è prima una risposta analogica, cioè la persona cerca con lo sguardo il documento

e, sebbene non sia stata fatta alcuna domanda diretta, tenderà a dare una risposta immediata senza alzare alcuna barriera se, per esempio, il documento non è ancora pronto.
Un altro sistema per parlare in modo persuasivo è quello di inserire il messaggio che volete fare arrivare al vostro collaboratore all'interno di un racconto che si riferisce a un'altra persona in un altro contesto. Per esemplificare al massimo provate a dire durante un racconto "...sì, e allora lui mi ha detto '*grattati il naso*'..." e cambiate tono di voce mentre dite le parole in corsivo che racchiudono il "comando nascosto". A livello cosciente l'ascoltatore lo percepisce come un comando diretto a qualche persona implicata nella vicenda che state raccontando, non a se stesso, ma a livello inconscio, in profondità, lo interpreta come diretto a se stesso tanto che, osservate, si toccherà il naso.
Da un punto di vista di struttura linguistica riferita alla ricerca transderivazionale questa tendenza si fonda sull'inclinazione dell'ascoltatore a commettere un errore di tipizzazione logica a livello inconscio, ossia a rispondere al materiale citato (come nella domanda indiretta) come se fosse una metaosservazione rivolta a se stesso.

SCELTA DEI TEMPI

È fondamentale scegliere il momento appropriato per esprimere critiche o complimenti. Le persone tendono a "chiudersi" quando sono sottoposte a stress e, quindi, non ascoltano i messaggi loro rivolti a prescindere dall'efficacia con i quali sono pronunciati. Se i vostri collaboratori sono sotto pressione è meglio aspettare. Se avete dei dubbi domandate: "Vorrei parlare con lei di...; lo possiamo fare subito o preferisce aspettare?". Ricordatevi che è importante mantenere il pro-

cesso di comunicazione aperto: la buona comunicazione è fatta al 100% di collaborazione.
La scelta del momento più opportuno dipende anche da altri fattori. Se il comportamento che dovete criticare è un fatto isolato, un'eccezione singola che generalmente non si verifica, potete aspettare a criticare; se invece fa parte di un modello, di uno schema di comportamento ripetitivo, affrontate la situazione subito.
Ricordatevi infine che "Chi non ha mai ricevuto critiche, probabilmente non ha mai fatto niente di importante".

OBIETTIVI

Quando criticate non accontentatevi di porre l'accento sulle carenze, ma dite quali obiettivi volete raggiungere. Gli obiettivi devono essere:

- specifici, chiaramente formulati usando anche esempi concreti;
- misurabili attraverso tappe che verificano i progressi;
- strutturati in tempi reali con precisi piani di azione pianificati con cura nei confini della realtà all'interno della quale si opera.

COLLOQUIO DI RIMPROVERO E COLLOQUIO DI COMUNICAZIONE DI PUNIZIONE

Quando si comunica un rimprovero o si è costretti a dare una punizione è bene seguire uno schema preciso simile a quello riportato alla pagina seguente.

COLLOQUIO DI RIMPROVERO

Scopo evidente di un colloquio di "rimprovero" – per un errore – è quello di evitare che si ripeta.
Il rimprovero va espresso:

- Il più vicino possibile al comportamento negativo (al risultato mancato – al lavoro mal fatto) in modo da permettere di basarsi ed enfatizzare dati e fatti egualmente osservabili da entrambi.

- A distanza sufficiente da impedire che il tono emotivo, legato alla reazione immediata al comportamento negativo, prenda il sopravvento sui contenuti.

È necessario:

- Precisare i fatti (i mancati risultati).

- Fare insieme una diagnosi:
  - perché i risultati non sono venuti;
  - da che cosa è dipeso: circostanze-errori del collaboratore-errori del capo.

- Precisare le responsabilità (quanto dipende dalla persona) non le colpe.

- Confermare che:
  - i risultati sono inaccettabili;
  - la persona ha tuttora la fiducia del capo e dell'organizzazione.

- Riprecisare gli obiettivi.

- Concordare un piano d'azione.

COLLOQUIO DI COMUNICAZIONE DI PUNIZIONE

Una punizione viene comunicata sempre con due fini:
- sanzionare un demerito passato;
- evitare la ripetizione futura del comportamento punito.

Premessa.
Il colloquio di punizione va attivato quando si vuole comunicare una sanzione definitiva.

- Non è un rimprovero.
- Non è un'istruttoria-diagnosi (che è già stata fatta).
- Non è una minaccia.
- Esplicitazione dei comportamenti sanzionati e delle ragioni oggettive (per esempio norme disattese, conseguenze gestionali) che stanno alla base della sanzione.
- Tipo di punizione collegata ai comportamenti che l'hanno provocata e alle ragioni della sanzione.
- Eventuale, se realmente esistente, spazio di recupero-riduzione della sanzione per il punito.
- Quali sono le ulteriori conseguenze dell'eventuale ripetersi dei comportamenti sanzionati.
- Quali sono le motivazioni del punito che lo hanno portato ai comportamenti sanzionati.
- Quali sono gli spazi concreti (azioni sue - interventi nostri) per evitare il ripetersi del comportamento in futuro eliminandone le cause.

LODARE

Se un collaboratore viene criticato quando sbaglia e non viene lodato quando fa bene il proprio lavoro, la demotivazione sarà inevitabile. Ogni processo di apprendimento che non è accompagnato da esperienze di successo è destinato a fallire. I dirigenti che lodano i propri dipendenti attivano "rafforzamenti positivi dei comportamenti". Come insegnano i testi di "analisi transazionale", bisogna concentrare l'attenzione sulle qualità creative e non su quelle distruttive dell'uomo.
Lodare non è certamente difficile, non crea resistenze negative. Per questo ci limitiamo a darvi due schemi di colloquio, il primo per il colloquio di elogio e il secondo per il colloquio di comunicazione di premio.

COLLOQUIO DI ELOGIO

Spingere il collaboratore a mantenere, rinforzare e, se necessario/possibile, sviluppare ulteriormente il suo comportamento positivo rispetto agli obiettivi prefissati.

- L'elogio va espresso al più presto possibile rispetto al verificarsi del comportamento desiderato e in particolare rispetto alla verifica del conseguimento dei risultati gestionali voluti.
- Usare enfatizzare situazioni d'elogio - non dare per scontate o banali situazioni/risultati da elogiare.
- Collegamento fra obiettivi aziendali e dell'unità e il comportamento elogiato.
- Riconoscimento degli sforzi fatti dal collaboratore per risol-

vere i problemi operativi (e non tanto i propri interventi, pur se esistenti).

- Attribuzione del merito al collaboratore (e non a se stesso).

- Confermare fiducia nelle capacità del collaboratore e nella sua possibilità di mantenere e sviluppare ulteriormente i risultati.

- Confermare l'esistenza di una collaborazione capo-collaboratore per affrontare i problemi futuri e la disponibilità del capo a supportare il collaboratore in caso di difficoltà.

COLLOQUIO DI COMUNICAZIONE DI PREMIO

Un colloquio in cui si comunica un premio ha sempre due finalità:
- riconoscere un *merito passato*;
- rinforzare i comportamenti premiati.

Premessa.
Una comunicazione di un premio è attivata quando il *contenuto premiante* è già stato concretamente definito e deciso.
Non è quindi:
- un elogio, per quanto enfatico;
- una promessa di premi da definire;
- un bilancio apprezzamento-critiche;
- un elogio indiretto al capo che gestisce il premiato.

Quindi i contenuti plausibili sono:

- Qual è il processo di analisi-valutazione che ha evidenziato i comportamenti premiati (valutazione di prestazione, di posizione, di potenziale).

- Quali sono le ragioni concrete e specifiche che hanno determinato il premio (risultati, comportamenti organizzativi, nuove responsabilità, qualità personali ecc.).

- Qual è il tipo di premio e le modalità della sua erogazione.

- Quali sono le ulteriori attese dell'organizzazione (non condizionanti il premio) di sviluppo dei comportamenti premiati.

BIBLIOGRAFIA

R. Dilts, J. Grinder, R. Bandler, L. Bandler, J. De Lozier, *La programmazione neurolinguistica*, Roma, 1981.
R. Bandler, J. Grinder, *La ristrutturazione*, Roma, 1983.
P. Watzlawick, J.H. Beavin, D. Jackson, *Pragmatica della comunicazione umana*, Roma, 1971.
G. Bateson, *Mente e natura*, Milano, 1989.
N. Chomski, *La conoscenza del linguaggio*, Milano, 1989.
R. Monk, *Wittgenstein: il dovere del genio*, Milano, 1991.
S.R. Covey, *I sette pilastri del successo*, Milano, 1991.
D. Carnegie, *Come parlare in pubblico e convincere gli altri*, Milano, 1990.
R. Ferrari, *Come condurre una riunione e fare un discorso*, Milano, 1993.
G. Hagemann, *Eccellenza nella motivazione*, Milano, 1992.
D. Cawood, *Il manager assertivo*, Milano, 1992.
Vera F. Birkenbihl, *L'arte di intendersi*, Milano, 1991.
A.M. Comari, *Come farsi capire*, Milano, 1993.
J.M. Jenks e J.M. Kelly, *Saper delegare*, Milano, 1987.
K. Blanchard, W. Oncken, Jr. H. Burrows, *L'one minute manager insegna a delegare*, Milano, 1990.
H.H. Calero, B. Oskam, *L'arte del negoziato*, Milano, 1990.
G. Lakoff e M. Johnson, *Metaphors we live by*, The University of Chicago Press, 1980.
G.Z. Laborde, *Fine tune your brain*, Syntony Publishing, Palo Alto, 1988.
J. Richardson, *The magic of rapport*, Meta Publications, 1987.
V. Masoni, *Guida alle riunioni di lavoro*, Milano, 1990.
L. Macciocca, R. Massimo, *Essere manager*, Roma, 1990.
A.I.C.O.D., *L'imprenditore italiano e la delega*, Milano, 1992.
G. Delaire, *Comandare o motivare*, Milano, 1989.
D. Boldizzoni (a cura di), *La motivazione al lavoro nelle aziende di servizi*, Milano, 1987.
V. Bertone, *Creatività aziendale*, Milano, 1993.
M. Boroni Grazioli, *Come realizzare l'innovazione rapida dei prodotti*, Milano, 1992.
H. Jaoui, *La creatività: istruzioni per l'uso*, Milano, 1991.
Riccardo Tacconi, *Come creare la propria azienda*, Milano, 1992.
Carlo Andrea Brentano, *Parlare in pubblico: corso avanzato*, Milano, 1989.
Carlo Andrea Brentano, *Corso completo per parlare in pubblico*, Milano, 1990.
Nicoletta Piccardo, *Strategie per fare carriera*, Milano, 1992
Carlo Andrea Brentano, *Parlare in pubblico: corso base*, Milano, 1988.

INDICE

Finito di stampare
nel mese di gennaio 2004
presso la INGRAF
Industria Grafica S.r.l. - Milano

per

DVE ITALIA S.p.A.
20124 Milano – Via Vittor Pisani, 16